AF404052

Université de France.

ACADÉMIE DE STRASBOURG.

THÈSE
POUR LA LICENCE,

PRÉSENTÉE

A LA FACULTÉ DE DROIT DE STRASBOURG,

ET SOUTENUE PUBLIQUEMENT

le vendredi, 15 décembre 1843, à midi

PAR

NICOLAS-OLYMPE FORJONNEL,

DE SAINT-DIÉ (VOSGES).

STRASBOURG,

IMPRIMERIE DE G. SILBERMANN, PLACE SAINT-THOMAS, 3

1843.

A MON PÈRE ET A MA MÈRE,

Pitié filiale.

A MA SOEUR.

Regrets éternels.

O. FORJONNEL.

FACULTÉ DE DROIT DE STRASBOURG.

M. Rauter, doyen.

M. Rauter, président de la thèse.

Examinateurs. { MM. Rauter, Hepp, Heimburger, } professeurs.
Lafon, professeur suppléant.

DROIT CIVIL FRANÇAIS.

DE L'EXPROPRIATION FORCÉE ET DES ORDRES.

(C. c., art. 2204—2218.)

CHAPITRE PREMIER.

INTRODUCTION.

Généralités.

Celui qui s'est obligé est tenu de remplir ses engagements sur tous ses biens mobiliers et immobiliers, présents et à venir; en d'autres termes, le patrimoine du débiteur est le gage commun de tous ses créanciers. Si, par l'effet de sa mauvaise foi ou de sa mauvaise volonté, le débiteur ne remplit point son obligation, la justice alors doit intervenir pour l'y contraindre par la saisie de ses biens. De là, l'expropriation forcée [1], que M. Troplong nomme avec raison le nerf des priviléges et de l'hypothèque, et que nous croyons pouvoir définir : la vente des immeubles d'un débiteur faite d'autorité de justice sur la poursuite de ses créanciers.

Nous n'avons point ici à nous occuper de l'expropriation pour cause d'utilité publique.

D'après la définition que nous venons de donner, on ne peut être tenté de ranger sous le terme général d'*expropriation forcée* les ventes

---

[1] L'expression d'*expropriation forcée*, d'abord inconnue dans le langage juridique, fut créée par la loi du 9 messidor an III, maintenue par la loi du 11 brumaire an VII, puis enfin consacrée par le Code civil.

d'immeubles appartenant à des mineurs, à des interdits, à une succession vacante ou acceptée sous bénéfice d'inventaire, à un failli. Toutes ces ventes, à la vérité, sont faites par l'autorité de la justice, plusieurs même sur la poursuite des créanciers; mais leurs effets sont tellement différents de ceux de l'expropriation forcée, qu'il est impossible de les confondre et de les classer sous une dénomination commune.

Notions historiques.

Une matière aussi importante que celle qui nous occupe devait nécessairement attirer l'attention du législateur; aussi trouvons-nous consigné au Code civil et au Code de procédure l'emploi des moyens de coaction qui font la force des créanciers. Que serait en effet le droit, sinon un pouvoir illusoire, s'il n'avait la force à sa disposition?

A Rome déjà ce besoin s'était fait sentir, mais une différence exista toujours entre la vraie fin de l'hypothèque en Droit romain et en Droit français. Sous l'empire du premier, le créancier venait agir par l'action hypothécaire : en vertu de cette action il se faisait mettre en possession de la chose hypothéquée, et c'est seulement lorsqu'il en était nanti, qu'il avait le droit de la faire vendre. Ce mode de procéder n'était autre chose qu'une conversion de l'hypothèque en pur gage conventionnel, qui seulement alors donnait lieu à la vente. En France, au contraire, le créancier ne peut réclamer la possession de la chose; les poursuites la saisissent, la mettent sous la main de la justice, et au lieu d'un gage conventionnel, c'est un gage judiciaire, qui sera vendu ensuite aux enchères publiques.

On se rendra facilement compte de l'importance de l'expropriation forcée si l'on jette les yeux sur le passé, et si l'on remarque avec quelle minutieuse attention le législateur n'a cessé constamment de modifier et d'améliorer cette loi.

L'ordonnance de 1667, qui avait organisé avec quelques détails la saisie-exécution, avait entièrement négligé la saisie immobilière, et l'on comprend d'autant moins cette lacune que, pendant un siècle et demi, cette désastreuse anarchie fit sentir tous ses malheureux effets, et que déjà François Ier, en 1539, et Henri II, en 1551, avaient cherché, d'une manière plus ou moins efficace, à régler cette importante partie de l'exécution des jugements. L'œuvre de ces monarques n'avait point été couronnée de succès. Insignifiantes et incomplètes en elles-mêmes, ces lois, pour plusieurs tribunaux, étaient tombées en désuétude, et pour d'autres, n'avaient jamais été exécutées. On dut puiser dans les premières les bases d'un système nouveau. Ce qu'on y remarqua d'abord, ce fut l'incohérence, l'obscurité et surtout l'incertitude, conséquences inévitables d'une législation appuyée seulement sur des déclarations générales ou particulières à un tribunal, sur des règlements des cours souveraines, sur l'usage et la jurisprudence, et enfin sur la coutume, qui varie et diffère selon chaque pays.

Jusqu'en l'an VII pourtant, ces lois bizarres, souvent même contradictoires, servirent de règle, quoique depuis longtemps elles eussent été frappées de la réprobation universelle. Mais alors, préoccupés des abus et des inconvénients suscités par une législation hérissée de formalités nombreuses et compliquées, les législateurs tombèrent dans l'extrême opposé. Au lieu de ces formes multipliées, de ces procédures d'un siècle, transmises, comme un héritage, par les officiers ministériels à ceux qui les remplaçaient dans leurs offices, on vit apparaître une législation si simple que le propriétaire pouvait, selon l'un des orateurs du corps législatif, être dépouillé de son domaine comme d'un meuble. En présence des entraves qui paralysaient l'action de la justice, les rédacteurs de la loi nouvelle rejetèrent, dans leur préoccupation, des formes tutélaires qui protègent la propriété contre la surprise : ils oublièrent que des délais sagement ménagés peuvent empêcher une expropriation ruineuse et amener les plus heureux résultats. Un autre inconvénient non moins grave s'était glissé dans cette législation. On ne s'était point assez occupé des tiers propriétaires, créanciers ou ayant des droits quelconques sur le bien saisi, et la conséquence de tout ce système fut

1.

d'éloigner les capitalistes, qui, ne trouvant plus à leurs prêts aucune garantie, cherchèrent à leurs fonds un autre emploi. Aussi le besoin d'une réforme se fit sentir, et cinq ans après, en l'an XII, une nouvelle loi parut. Ses principales formalités pouvaient se résumer ainsi : Un commandement d'un mois précédait la saisie; il n'y avait plus de témoins, mais le maire visait la copie pour donner au commandement la publicité nécessaire; un procès-verbal désignait avec précision les objets saisis; l'huissier se transportait sur les lieux, et là encore le visa du maire remplaçait avec avantage la présence faussement attestée des recors; un extrait de la matrice de rôle devait désigner les objets saisis; le procès-verbal était transcrit au bureau des hypothèques de la situation des biens, puis, dans la quinzaine, au greffe du tribunal de la vente, dénoncé au saisi dans un certain délai, inséré aux journaux, placardé; enfin, après trois publications de quinzaine en quinzaine, devait avoir lieu l'adjudication préparatoire, et six semaines après seulement l'adjudication définitive.

Publicité et sécurité, tels étaient donc les avantages que croyait offrir la nouvelle loi aux débiteurs comme aux créanciers. Elle avait cru marcher entre les écueils des lois de 1500 et de l'an VII : il n'en fut rien pourtant, et la nécessité d'une loi plus simple, d'une exécution moins coûteuse, apparut de nouveau, et à son tour l'œuvre des Lahary et des Treilhard fut critiquée par les Dupin et les Persil. La loi sur la saisie immobilière, disait le premier[1], devait être simplifiée. On en avait reconnu l'urgence dans l'expropriation pour cause d'utilité publique, elle se faisait également sentir pour l'expropriation ordinaire. Les frais ruinaient le débiteur, les délais tuaient le créancier, sans compter la fiscalité, qui, courant après de petits droits, éloignait la perception finale d'un droit de mutation supérieur à tout ce que la chicane peut produire en incidents mesquins. Le sol enfin, selon cet orateur, le sol, qui constitue le plus solide de tous les gages, était toute-

[1] Discours de rentrée du 7 novembre 1833.

fois celui auquel on se fiait le moins dans la difficulté même de faire exécuter le contrat.

Dans la loi de l'an XII, comme nous l'avons remarqué, on avait cherché à favoriser les capitalistes, si peu ménagés par les lois précédentes. Cette fois c'était bien autre chose. Voulant ainsi se dédommager en quelque sorte des difficultés dont la loi les menaçait pour l'époque du remboursement, les capitalistes ne livraient leur argent qu'en imposant les plus dures conditions. Le débiteur à son tour était victime de toutes ces précautions, et c'était empirer son état que de chercher à l'améliorer par un emprunt.

Mais ici nous sommes conduits à nous demander si cette loi de 1841, qui devait combler tant de lacunes, réparer tant de fautes, suppléer à tant d'inconvénients, a bien rempli son but, et si maintenant déjà de nouvelles modifications ne seraient point nécessaires On ne peut se le dissimuler, les améliorations apportées par cette loi au titre *De la saisie immobilière* ont été grandes. Elle a fait tomber en partie cet abus de formalités condamnées depuis longtemps; une économie réelle a été obtenue à propos des frais. Cependant bien des imperfections subsistent encore, bien des difficultés qu'on ne pouvait soupçonner se présenteront successivement révélées par les circonstances. On ne peut en douter, la réforme n'a point été complète, et pour nous servir des expressions de M. Persil, dans son *Commentaire sur la loi du 2 juin* 1841 : « On aurait dit souvent que le législateur avait peur de son œuvre. » On s'est plutôt attaché aux détails qu'aux grandes questions, que l'on écartait sans les avoir résolues. Nous pouvons nous expliquer ces hésitations dans la marche, ce défaut de perfection dans l'œuvre par la nécessité d'une révision de notre système hypothécaire; et sans doute le législateur avait compris que la réforme ne pourrait avoir utilement lieu pour l'expropriation forcée sans retoucher aux hypothèques. Ce n'est donc que lorsque la loi sera bien assise sur ce dernier point, que nous pouvons espérer voir la législation sur l'expropriation forcée prendre ce caractère de stabilité et de perfection que l'on remarque généralement dans notre Code.

Après avoir ainsi défini l'expropriation forcée, après avoir suivi les diverses phases par lesquelles a passé la législation, après avoir vu par quelle marche progressive on est arrivé à la loi qui nous occupe, nous allons étudier successivement

1° Sur quels biens peut porter l'expropriation forcée ;

2° Par qui elle peut être poursuivie ;

3° Contre qui elle doit être dirigée ;

4° En vertu de quel titre ;

5° Devant quel tribunal elle doit être portée ;

6° Enfin quels droits elle confère à l'adjudicataire, et à quelles charges elle le soumet.

CHAPITRE II.

SUR QUELS BIENS PEUT PORTER L'EXPROPRIATION FORCÉE ?

L'art. 2204 du Code civil est conçu en ces termes : « Le créancier peut poursuivre l'expropriation forcée : 1° des biens immobiliers et de leurs accessoires réputés immeubles appartenant en propriété à son débiteur ; 2° de l'usufruit appartenant au débiteur sur les biens de même nature. » Quelque simple que puisse paraître cette disposition, il est difficile cependant, lorsqu'on en vient à l'application, d'en bien saisir le sens. Parmi les droits immobiliers, tous ceux qui tiennent à la personne ne peuvent être l'objet d'une expropriation forcée ; tels sont, par exemple, les droits d'usage, les droits d'habitation [1]. En lisant l'art. 686 du Code civil, on s'assure également de l'impossibilité de vendre une servitude foncière, considérée isolément, c'est-à-dire détachée du sol auquel elle est utile.

SECTION PREMIÈRE.

Les actions en rescision et en remere peuvent-elles être saisies immobilierement ?

La question peu féconde en pratique de savoir si l'on peut saisir

[1] C. c., art. 631, 634.

immobilièrement les actions en réméré et en rescision, doit cependant nous occuper ici.

Pigeau, dans son ouvrage *Sur la procédure civile*[1], penche pour l'affirmative, se fondant sur ce que l'art. 526 du Code civil appelle immeubles, les actions qui ont pour but la revendication d'un immeuble, sur ce qu'ensuite les art. 2092 et 2093 du Code civil disent que : « Quiconque est sous le poids d'une obligation personnelle, est tenu de remplir son engagement sur tous ses biens mobiliers et immobiliers, » en conséquence, que tous les biens d'un débiteur deviennent le gage commun de ses créanciers, qui peuvent les faire vendre pour être payés sur le prix. Il se fonde aussi sur l'art. 2204, qui porte que le créancier peut poursuivre l'expropriation des biens immobiliers appartenant en propriété à son débiteur. De ces expressions : *tous les biens immobiliers* du débiteur sont *le gage commun de ses créanciers*, il tire la conséquence que, si l'on ne pouvait saisir ces sortes d'actions, il y aurait contradiction dans la loi, puisque certains immeubles, appartenant en toute propriété au débiteur, ne deviendraient pas le gage de ses créanciers. L'objection tirée de la difficulté de remplir les formalités exigées pour la saisie immobilière, n'embarrasse point cet auteur, qui voit leur accomplissement dans la désignation de l'extérieur de l'immeuble objet de l'action en réméré ou en rescision, dans la désignation de sa situation et de l'arrondissement où il se trouve.

M. Delvincourt, d'une opinion opposée, s'appuie, lui aussi, sur l'art. 2204 du Code civil. Cet article, en effet, après avoir parlé des biens immobiliers, ajoute : « et leurs accessoires réputés immeubles. » Or, de là cet auteur conclut qu'il ne peut y avoir que les immeubles corporels qui aient des accessoires immeubles; ce qui lui semble confirmé par le second alinéa de l'article, qui porte que l'usufruit peut être saisi immobilièrement, disposition inutile, selon lui, si par le mot *immeuble* on eût voulu entendre tous les immeubles, tant incorporels que cor-

---

[1] Partie V, *Exécut. des jugem.;*, t. IV, ch. I.

porels. Il tire de cette indication de l'usufruit comme immeuble saisissable, la conclusion qu'on ne peut saisir tous les autres; et il trouve encore un argument dans la difficulté qu'il y aurait à opérer ces sortes de saisies. Il n'en laisse pas moins cependant percer son opinion qu'une action fait partie des biens de celui à qui elle appartient, qu'il serait étonnant qu'il existât une espèce de biens appartenant en propriété au débiteur, qui ne pussent être saisis. Il propose bien la ressource de faire exercer l'action du chef du débiteur, et ensuite seulement d'arriver à la saisie de l'immeuble, s'appuyant en cela sur un arrêt de la Cour de cassation[1]. Mais ce moyen peut paraître inutile, et l'arrêt de cassation, combattu par Pigeau, tant quant à la forme (c'était un arrêt de rejet) que quant au fond, ne nous paraît pas résoudre la question, puisque la Cour de cassation, considérant dans ses précédents arrêts cette action comme mobilière, a dû, pour être conséquente avec elle-même, décider qu'elle n'était pas susceptible de saisie immobilière.

M. Duranton, qui d'abord avait incliné pour l'opinion de M. Delvincourt, se rangea enfin[2] à celle de Pigeau, après avoir regardé comme un faible argument *a contrario* celui que l'on tirait de l'art. 2204, qu'il considère comme une reproduction de l'art. 2118 du Code civil quant à l'hypothèque, avec cette différence que l'expression restrictive contenue au second : *sont seuls susceptibles d'hypothèque,* ne se trouve pas dans le premier quant à l'expropriation forcée. Il ne trouve pas plus de poids dans les avantages qu'offrirait le moyen indiqué par M. Delvincourt d'arriver à l'expropriation forcée, après s'être fait subroger aux droits du créancier sur l'action, puisque la question d'argent sur les avances ne serait pas résolue.

Merlin[3] dit formellement que l'action en réméré et l'action en rescision ne sont pas susceptibles d'expropriation forcée.

[1] *Journal de la jurisprudence du Code civil*, t. VII, p. 137.
[2] Tome XXI, p. 16.
[3] *Répert. de jurisprud.,* v^{ts} Exprop. forcée.

M. Eugène Persil[1], envisageant la question sous un point de vue différent, prétend que l'intention du législateur n'a jamais été qu'on pût saisir l'action en rescision ou en réméré.

Devant ces opinions, toutes d'un grand poids, nous croyons cependant devoir nous ranger à celle de MM. Pigeau et Duranton.

SECTION II.

L'emphytéose est-elle susceptible d'expropriation forcée?

Un immeuble possédé à titre d'emphytéose peut-il être saisi immobilièrement? Cette question partage les auteurs. Dans l'ancien Droit la question ne pouvait s'élever : la doctrine des auteurs et la jurisprudence des arrêts considéraient l'emphytéote comme ayant le domaine utile de l'immeuble; c'était décider qu'il pouvait l'hypothéquer. M. Jolivet[2] disait cependant au conseil d'État, lors de la discussion de l'art. 2118 du Code civil, que l'emphytéose n'a jamais été susceptible d'hypothèque. Mais nous croyons que c'est une erreur, car l'art. 6 de la loi du 11 brumaire an VII mentionnait le bail emphytéotique comme un droit susceptible d'hypothèque.

Tous les caractères qui peuvent déterminer à considérer l'emphytéose comme un droit susceptible d'hypothèque lui ont, en effet, été conservés. Ainsi, on prélève l'impôt sur l'emphytéose : cet impôt profite pour le cens électoral; l'action possessoire elle-même peut être exercée par l'emphytéote. M. Favard, dans son ouvrage *Sur la législation électorale, la jurisprudence du conseil d'État et de la Cour de cassation*[3], reconnaît chacun de ces principes séparés, et M. Troplong[4] n'hésite point d'en tirer, comme conséquence naturelle, qu'on peut saisir immobilièrement une emphytéose. Il combat l'opinion de M. Grenier, qui

---

[1] *Comment. sur la loi du 2 juin* 1841 , p. 11.

[2] *Conf. du Code civil*, t. VII , p. 165

[3] Cass., 26 juin 1822

[4] *Priviléges et hypoth* , t II , p. 405.

voyait dans ce silence de notre Droit civil, après la loi si formelle de l'an VII, la preuve que le législateur n'avait pas voulu regarder l'emphytéose comme susceptible d'hypothèque. Selon M. Troplong, la disposition générale du Code civil qui dit : que tous les biens immobiliers qui sont dans le commerce sont soumis à l'hypothèque, est un principe qui embrasse tout. L'emphytéose est un droit immobilier, à assiette fixe, et qui peut être soumis à l'hypothèque.

M. Duranton établit également que l'emphytéose peut faire l'objet d'une expropriation forcée. Il serait absurde, dit-il, qu'on pût, par usufruit, jouir de l'immeuble d'autrui pendant dix ou vingt ans, sans pouvoir en être exproprié autrement que par la saisie immobilière, et qu'aussitôt que cette jouissance s'étendrait à quatre-vingt-dix-neuf ans, à titre d'emphytéose, on n'eût plus qu'un droit mobilier non susceptible d'expropriation forcée. Cet argument ne manque pas de force : l'emphytéose, en effet, est tout à fait différente par sa nature du simple bail. L'usage seul de la chose est abandonné dans un bail ordinaire; mais, au contraire, dans l'emphytéose il y a une aliénation temporaire du domaine utile, une copropriété entre le bailleur et le preneur. Un arrêt de la Cour de Paris[1], du 10 mai 1831, décide cette question d'une manière formelle. Aussi, d'après toutes ces raisons, nous n'hésitons point à regarder' l'emphytéose comme un droit immobilier susceptible d'hypothèque et par suite d'expropriation forcée.

SECTION III.

La part indivise d'un cohéritier peut elle être mise en vente par un créancier personnel?

Pour résoudre cette question, il suffit de bien se rendre compte de l'indivision. Par elle, chacun des copropriétaires est propriétaire absolu de la chose commune; il est donc impossible de prendre la part afférente au débiteur sans toucher aux droits des autres copropriétaires. Il serait en même temps injuste de saisir une part qui, par l'effet de la

[1] Sirey, XXXI, 2, 166.

licitation, pourra n'être pas celle qui reviendra au débiteur. Cette im-.possibilité empêche l'expropriation de la part indivise avant la licitation ; mais on conçoit que comme le cohéritier pourrait abuser de cette faveur due à sa qualité, la loi a dû conférer au créancier le droit de provoquer le partage des biens indivis. Il peut même intervenir au partage pour qu'il ne se fasse pas en fraude de ses droits [1].

En présence des termes formels de l'art. 2205, on pourrait supposer un instant que la prohibition de la loi ne s'applique pas au copropriétaire ordinaire, mais seulement au cohéritier. C'est même là l'opinion de M. Thomine-Desmazures [2], qui prétend que la loi limite au cohéritier le bénéfice d'arguer de l'indivision pour échapper à la vente forcée avant le partage. Cette théorie est celle du Droit romain [3]. Il paraît également que le parlement de Flandre se serait attaché à cette doctrine, si nous en croyons un arrêt de 1678, cité par Ghewiet dans ses *Institutes belges* [4]. Suivant la loi romaine, en effet, l'hypothèque constituée soit par un cohéritier, soit par un simple copropriétaire par indivis, devait s'étendre sur chaque partie de l'objet indivis ou de la succession proportionnellement à ce qui serait revenu au copartageant qui aurait constitué l'hypothèque ; on s'est écarté en France de cette disposition. Domat, Basnage, et plus récemment Grenier et M. Berryat, contredirent cette opinion. La raison seule indique combien ce serait peu comprendre l'esprit de la loi que de vouloir la restreindre au cohéritier. La position du copropriétaire ordinaire n'est-elle pas en effet la même que celle du cohéritier ? N'ont-ils pas, l'un et l'autre, un droit qui s'étend sur toute la chose indivise ? Oui, sans doute, et il n'y a que la licitation qui puisse faire cesser cette incertitude dans les droits des parties.

[1] C. c., art. 882—2205.
[2] Tome II, p. 198
[3] *D. L.* 7, § d^{er}, *D. quib. mod. pign. et hypoth. solv*
[4] Partie II, tit. V, art 16

2.

M. Persil[1] pose la question d'une dette commune à tous les copropriétaires d'un immeuble, et se demande si, dans ce cas, le créancier, peut exproprier avant le partage? La question, à vrai dire, n'en est point une. Quel est en effet le gage du créancier? C'est toute la chose. Ses débiteurs? Ce sont tous les copropriétaires. Il peut donc poursuivre sur toutes les parts indivises, comme s'il n'y avait qu'une seule chose et qu'un seul débiteur. Posons donc en principe, que, hors ce dernier cas, toutes les poursuites en expropriation forcée, faites par les créanciers personnels d'un cohéritier sur un immeuble indivis, avant la licitation, sont nulles de plein droit.

Les mots *créanciers personnels* dont se sert l'art. 2205 ont fourni à MM. Duranton et Delvincourt le sujet d'une discussion sur la question de savoir si les créanciers d'une succession qui ont demandé la séparation de patrimoine peuvent poursuivre la vente des immeubles de la succession avant la licitation ou le partage? M. Delvincourt s'est prononcé pour l'affirmative; il se fonde sur ce que les créanciers séparatistes ne sont point les créanciers personnels de l'héritier, et que, par conséquent, l'art. 2205 devient inapplicable.

M. Duranton, dont nous partageons le sentiment, tout en soutenant avec raison que les créanciers du défunt, malgré la demande en séparation de patrimoine, sont devenus créanciers personnels de l'héritier, ramène la question à un autre principe, savoir: si un ou plusieurs héritiers, soit purs et simples, soit bénéficiaires, ont payé ou offert de payer leur part dans les dettes de la succession. Alors, dit-il, pas d'expropriation sans licitation: dans le cas contraire, s'il n'y a pas eu d'offres, la vente peut être poursuivie sur tous, avant partage.

SECTION IV.

Des immeubles appartenant à des mineurs, même emancipés, ou à des interdits.

L'art. 2206 s'exprime en ces termes : « Les immeubles d'un mineur même émancipé, ou d'un interdit, ne peuvent être mis en vente avant

[1] *Comment sur la loi du 2 juin* 1841, p. 16.

13

la discussion du mobilier. » L'objet de la loi est de favoriser les intérêts
des mineurs. Elle n'a pas voulu que l'on entreprît la procédure longue
et dispendieuse de l'expropriation avant de s'assurer si l'incapable n'avait
pas d'autres ressources sur lesquelles le créancier pût se faire payer
plus facilement. Toutes les conséquences qui découlent de cette disposition doivent tendre à ce but premier. Aussi repousserons-nous
l'opinion de Pigeau, qui croit que la loi ne défend pas de saisir, mais
seulement de mettre en vente avant la discussion du mobilier. Ne
serait-ce pas en effet exposer l'incapable à supporter inutilement les
frais de cette saisie prématurée, de la dénonciation et des actes préa-
lables qui en sont la conséquence? Et le créancier, dont les intérêts sont
également confiés à la loi, n'éprouverait-il pas, lui aussi, un grave
préjudice si, après avoir fait sa saisie, il était obligé d'attendre un long
temps pour pouvoir la mener à fin, dans le cas où le produit de la discussion ne suffirait pas à le payer de sa créance? L'erreur dans laquelle
est tombé Pigeau nous semble une conséquence nécessaire du système
antérieur au Code civil. Cet auteur rapporte en effet un arrêt de règlement, donné aux grands jours, à Clermont, le 30 janvier 1666,
lequel n'exigeait point la discussion du mobilier avant la saisie immobilière, mais seulement avant l'adjudication. Les mots *mis en vente,*
conservés dans notre article, auraient eu, selon lui, pour but de main-
tenir cette jurisprudence. Un arrêt[1] de la Cour de Gênes résolvait la
question dans le même sens.

M. Duranton donne aussi une interprétation de ces mots *ne peuvent
être mis en vente,* et il soutient qu'ils sont synonymes de ceux-ci : *ne
peuvent être l'objet d'une poursuite en expropriation forcée.* Nous nous
rangeons de son avis, d'autant plus que lorsque la loi a voulu permettre
la saisie sans autoriser l'adjudication, elle s'est exprimée formellement.
C'est ainsi qu'elle l'a fait dans les art. 2213 et 2215 du Code civil. Si
elle ne l'a pas dit dans l'art. 2206, c'est qu'elle ne l'a pas voulu : *Lex*

[1] 28 juillet 1812

non dixit quia non voluit. On peut ajouter que cette expression *mis en vente* provient de ce qu'à l'époque de la rédaction du Code civil, le Code de procédure n'étant point encore écrit, la saisie était en même temps une vente, puisqu'elle résultait de l'apposition des placards.

. Le créancier, avons-nous dit, doit discuter le mobilier avant de faire vendre les immeubles; mais comment justifiera-t-il de cette discussion? La loi n'indique aucun moyen. Nous pensons que c'est par la vente des meubles, s'il y en a, ou bien par un procès-verbal de carence.

Le législateur n'indique pas non plus quels sont les meubles que l'on doit saisir; il en résulte que la saisie peut frapper toute espèce de meubles, corporels ou incorporels, peu importe; *ubi lex non distinguit, nec nos distinguere debemus.*

Il ne sera pas superflu d'ajouter qu'un arrêt de la Cour de Paris a décidé que la discussion du mobilier était inutile dans le cas où des actes antérieurs établissaient déjà l'insuffisance de ce mobilier pour l'acquittement des dettes. Quant au temps dans lequel peut être élevée l'exception de discussion, c'est, dit la Cour de cassation[1], en première instance, sous peine de déchéance du moyen.

Quant à la question de savoir si un interdit par suite de condamnation pour crime peut demander la discussion de son mobilier, la négative ne nous paraît pas douteuse: cette discussion est un bénéfice de la loi, et la loi ne peut favoriser le coupable.

Il y a cependant deux exceptions au principe général de la discussion du mobilier du mineur et de l'interdit.

Première exception. Lorsque les immeubles d'un mineur ou d'un interdit sont indivis avec ceux d'un majeur et que la dette est commune, la discussion préalable du mobilier est inutile. Pigeau donne pour raison de cette exception que si le majeur n'a pas payé, c'est qu'il ne le pouvait pas, et qu'il est probable que le mineur n'avait pas plus que lui le moyen de s'acquitter. Cette supposition, dit-il[2], n'est pas infail-

---

[1] 13 avril 1812.

[2] *Exécution des jugements,* part. V, p. 214.

lible, car le mobilier du mineur pouvait être suffisant et celui du majeur ne pas l'être. Cherchons plutôt avec M. Duranton, dans la crainte de voir tomber des frais inutiles à la charge du mineur, la cause de cette disposition.

Deuxième exception. La discussion du mobilier devient également inutile, lorsque les poursuites ont été commencées contre un majeur ou avant l'interdiction. La raison de cette exception est facile à comprendre, la condition du créancier ne pouvant s'aggraver par le décès ou l'interdiction de son débiteur.

<h3 style="text-align:center">SECTION V.</h3>

Le créancier peut-il poursuivre la vente forcée d'autres immeubles que ceux a lui hypothéqués ?

Il y avait pour le législateur, dans la solution de cette question, un grand écueil à éviter : pouvait-on sacrifier les droits du créancier ? devait-on laisser le débiteur en but aux tracasseries, aux mauvais vouloirs d'un créancier malveillant ? Non : aussi l'art. 2209 ne permet-il au créancier la poursuite et la vente des immeubles non hypothéqués par le débiteur que dans le cas d'insuffisance des biens hypothéqués. La loi distingue entre l'hypothèque générale et l'hypothèque spéciale, et elle a voulu certainement restreindre la saisie aux biens qui peuvent suffire à l'acquittement complet de la créance. C'est seulement après s'être assuré de l'insuffisance des immeubles hypothéqués que l'on peut poursuivre les autres. Telle a été l'intention du législateur. Mais comment s'assurer de cette insuffisance ? quand commencera-t-on les poursuites ? On devra les commencer quand le juge aura déclaré l'insuffisance des biens hypothéqués. Pour apprécier cette insuffisance, le juge asseoira leur valeur sur quinze fois le revenu déclaré par la matrice de rôle, pour les immeubles non sujets à dépérissement, et sur dix fois pour ceux qui y sont sujets. D'autres documents peuvent encore l'aider, mais toujours il devra s'assurer s'ils ne peuvent être sujets à suspicion, et dans ce cas les rejeter.

Le créancier ne sera plus obligé alors de faire les frais d'une première expropriation pour renouveler bientôt une poursuite analogue. Ce serait là, dit M. Duranton[1], un bénéfice accordé au débiteur au préjudice du créancier, auquel ces lenteurs ne pourraient manquer de nuire.

Un arrêt de la Cour de cassation[2] a jugé que ce n'est pas au créancier qui a saisi des biens non hypothéqués à sa créance, à prouver que ceux qui lui sont hypothéqués sont insuffisants, que c'est au contraire au débiteur qui veut arrêter la saisie des premiers à justifier que la valeur libre des derniers suffit pour assurer le payement de la créance qui donne lieu aux poursuites. Quant à nous, nous interprétons cet arrêt tout autrement que M. Duranton, au sujet de la question des frais qu'il y suppose résolue. Selon lui, le créancier, pour ne point s'être assuré de l'insuffisance des immeubles hypothéqués, avant d'avoir commencé l'expropriation des autres, devrait supporter les frais de la seconde expropriation, si les biens étaient déclarés suffisants. La Cour de cassation, en effet, eût-elle décidé que c'est au débiteur à justifier de la suffisance des biens hypothéqués, si le créancier était chargé du soin de cette appréciation?

CHAPITRE III.

PAR QUI L'EXPROPRIATION PEUT-ELLE ÊTRE POURSUIVIE?

En se servant de cette expression: *le créancier peut saisir*, la loi ne distingue pas et n'a pas dû distinguer entre les créanciers chirographaires, hypothécaires ou privilégiés. Pourquoi a-t-elle confondu tous les créanciers dans la même disposition? C'est que l'art. 2204 du Code civil avait été rédigé de manière à concorder avec l'art. 2088 du projet de loi sur les priviléges et hypothèques, qui porte que « quiconque s'est obligé personnellement est tenu de remplir son engagement sur tous

---

[1] Tome XXI, p. 35.
[2] 17 octobre 1807.

les biens mobiliers et immobiliers présents et à venir. » Le législateur
n'avait point à s'occuper, dans cette partie du Code, de l'ordre des priviléges et hypothèques, ni du rang dans lequel les divers créanciers
peuvent être colloqués entre eux. Le gage, l'immeuble en un mot, était
là, il fallait le saisir. C'était la seule chose dont on avait à s'occuper.
Peu importait alors que la distribution du prix de vente se fît de telle
ou telle manière. C'était aussi parce que tout créancier, quel qu'il
soit, sitôt qu'il a entre les mains un titre fondé, peut recourir, à défaut
de payement de sa créance, à tous les biens de son débiteur, que ces
biens soient le gage d'autres créanciers ou qu'ils ne le soient pas.

On ne peut se dissimuler l'avantage que possède le créancier hypothécaire sur un créancier simplement chirographaire. Le premier peut
suivre l'immeuble affecté à l'acquittement de sa créance entre quelques
mains qu'il passe, en réclamer le délaissement ou la valeur. Quel que
soit le détenteur actuel, il sera colloqué dans la distribution du prix.
Mais il n'en est pas moins vrai que le droit d'expropriation est commun
à tous les créanciers, quel que soit leur titre. Cette dernière expression
indique que plus tard ils auront à prendre le rang que leur assigne leur
créance, mais le droit n'en existe pas moins; et ce droit, la loi le sanc-
tionne.

Ici se range naturellement une distinction tirée de la qualité de ces
créanciers, dont les intérêts sont si sacrés aux yeux du législateur. Dans
une faillite, par exemple, le créancier transporte en quelque sorte cette
faculté d'exproprier entre les mains des syndics de l'union : c'est à la
requête de ces derniers que l'action est intentée, et le seul but du
Code est d'éviter des frais sans nombre, des procédures sans fin et des
lenteurs ruineuses.

Quand on veut faire exproprier le débiteur d'un mineur, c'est son
tuteur qui agit en son nom. L'art. 464 du Code civil dit bien que le
tuteur ne peut introduire en justice aucune action relative aux droits
immobiliers du mineur sans l'autorisation du conseil de famille, mais
nous croyons que l'expropriation n'est pas une action immobilière,

relativement au mineur, puisqu'elle n'est qu'une simple voie d'exécution pour être payé d'une créance, c'est-à-dire de quelque chose de mobilier.

Le mineur émancipé doit être assisté de son curateur pour poursuivre son débiteur, de même que le faible d'esprit et le prodigue poursuivent avec l'assistance de leur conseil. Ici cependant il faut distinguer : le mineur émancipé n'aura besoin de l'assistance de son curateur que lorsqu'il s'agira d'une action qui a pour objet le remboursement d'un capital mobilier dont il ne pouvait donner décharge sans l'assistance de ce curateur. Le but de cette précaution n'est point de sauver sa créance au mineur émancipé, même dans le cas d'une fausse procédure en expropriation contre son débiteur, mais c'est seulement pour lui éviter des frais considérables faits en pure perte.

Si les créances de la femme mariée sont tombées de son chef dans la communauté, l'expropriation en est poursuivie par le mari, comme seigneur et maître de la communauté. Il en est de même pour les créances de la femme dans le cas de communauté réduite aux acquêts; pour les créances réservées propres; pour celles qui lui ont été données avec réserve qu'elles n'entreraient point dans la communauté; pour les créances dans le cas d'exclusion de communauté, sans séparation de biens, et pour celles enfin qui font partie de la dot dans le cas de régime dotal. Mais quand la femme est séparée de biens, ou que ses créances sont paraphernales, l'expropriation est poursuivie par la femme, mais avec l'autorisation du mari ou de la justice; et, dans le cas où elle serait mineure, un tuteur *ad hoc* doit lui être nommé.

Une société fait poursuivre ses actions en expropriation par son gérant ou par tout autre sociétaire muni d'un mandat.

CHAPITRE IV.

CONTRE QUI PEUT ÊTRE DIRIGÉE L'EXPROPRIATION ?

On peut poser en principe que l'expropriation forcée peut être provoquée contre tout débiteur; cependant, en lisant le chapitre précédent, on doit voir des exceptions qui limitent ce droit. L'art. 2208 du Code civil en apporte une autre au sujet de la femme mariée sous le régime de la communauté. Celle-ci, en effet, quoique obligée à la dette, n'est point, d'après cet article, poursuivie en cas d'expropriation forcée des immeubles de la communauté; mais c'est contre son mari seulement que les poursuites sont dirigées. Il est facile de se rendre compte de cette disposition de la loi : l'administration des biens appartient au mari[1]. Il est donc inutile de se préoccuper de l'origine de la dette contractée par la femme; qu'elle remonte à une époque antérieure au mariage, que la femme ait été autorisée par son mari ou qu'elle ne l'ait point été, que la dette ait été contractée conjointement ou non avec le mari, que la solidarité ait été stipulée ou qu'elle ne l'ait pas été, peu importe. Le mari, en effet, dans quelques-uns de ces cas, est débiteur, et dans les autres, l'art. 1419 lui impose, en sa qualité d'administrateur, l'obligation de soutenir les poursuites.

Si les immeubles sont propres à la femme, l'art. 2208, précédemment cité, nous dit que l'expropriation est poursuivie contre le mari et la femme; c'est là une dérogation au premier principe, quelle que soit l'interprétation que l'on veuille faire de cette expression : *le mari et la femme,* quoique, selon nous, il serait plus rationnel de dire *la femme et le mari,* ce dernier ne figurant que pour valider la procédure, rien de ce qui lui appartient, à lui ou à la communauté, n'étant au procès.

Dans le cas de minorité des deux époux, ou de la femme seule, et dans le cas de refus du mari majeur de procéder avec elle, un tuteur *ad hoc* est nommé. M. Duranton fait remarquer avec beaucoup de justesse que le mot *tuteur,* employé par l'art. 2208, est impropre. C'est *curateur* qu'on aurait dû dire; car il n'y a point de tuteur après l'émancipation, et une femme mariée est nécessairement émancipée. Ce savant professeur explique cependant par l'ancien Droit cette confusion

[1] C. c., art. 1421.

3.

de mots dans le nouveau; autrefois, en effet, on disait donner un tuteur à un mineur émancipé, toutes les fois qu'il s'agissait d'une action immobilière.

L'expropriation des biens paraphernaux de la femme mariée sous le régime dotal, des propres de la femme mariée en communauté ou sous le régime d'exclusion de communauté, avec ou sans séparation de biens, est poursuivie contre la femme et le mari, si ce dernier y consent: ce sont en effet des immeubles qui ne sont point tombés dans la communauté.

Pour les biens dotaux, la question est controversée au sujet de la personne contre laquelle doit être poursuivie l'expropriation. M. Delvincourt enseigne que c'est contre le mari seul. L'art. 1549 du Code civil, par une extension forcée, le porte à considérer le mari comme propriétaire des biens dotaux pendant le mariage. C'étaient là, il est vrai, les principes du Droit romain, qui considérait le mari comme ayant le *dominium civile* de la dot; mais ces principes ne sauraient plus être admis sous l'empire du Code civil. Notre législation se contente, dans le cas de régime dotal, d'accorder au mari une plus grande puissance dans l'administration que sous les autres régimes; mais dire que le mari est propriétaire, c'est trop étendre la large part que lui fait la loi dans la gestion des biens dotaux. Nous croyons avec M. Duranton que l'art. 2208 indique tout le contraire. En effet, quand doit-on poursuivre contre le mari et la femme? C'est lorsqu'il s'agit d'immeubles qui ne font point partie de la communauté; or, les immeubles dotaux rentrent nécessairement dans cette catégorie.

L'expropriation contre un mineur en tutelle ou un interdit se dirige contre le tuteur; lorsque, plus tard, le mineur est émancipé ou qu'il s'agit d'un individu placé sous l'assistance d'un conseil judiciaire, sous peine de nullité des poursuites, le nom du curateur ou du conseil doit figurer dans les actes, quoique le mineur ou l'assisté soient bien poursuivis personnellement.

En sens inverse de ce que nous disions au chapitre précédent, c'est contre le gérant d'une société que l'expropriation doit être dirigée, ou, faute de gérant, contre tous les associés.

L'expropriation des immeubles d'un débiteur solidaire peut, sans commandement préalable fait aux autres codébiteurs, être poursuivie sur les biens du débiteur qu'il a plu au créancier de choisir. Cette manière de raisonner s'explique par la nature même de la dette solidaire: chacun est obligé pour le tout.

Tant que l'immeuble se trouve placé entre les mains du débiteur, la marche du poursuivant est simple et facile; mais lorsqu au contraire l'immeuble a été aliéné, est passé en d'autres mains que celles du débiteur, les créanciers non-hypothécaires perdent leurs droits, n'ayant aucune action réelle sur la chose, si ce n'est l'action révocatoire; mais les créanciers hypothécaires sont placés dans une position bien préférable, pouvant, en vertu de l'hypothèque, suivre l'immeuble en quelque main qu'il passe. Cependant il est des règles qu'ils ne doivent point oublier; ils doivent faire commandement au débiteur originaire et seulement alors poursuivre l'expropriation sur le tiers détenteur, après, toutefois, lui avoir fait sommation d'acquitter la dette de son vendeur entre leurs mains. Quant aux formes et aux délais à observer dans cette circonstance, ils sont réglés par le Code de procédure au titre de la saisie immobilière. Mais comme ce titre fait l'objet d'une thèse particulière, nous pensons, quoique cependant les formalités de la saisie immobilière ou expropriation forcée devraient rentrer dans notre sujet, ne pas devoir nous en occuper dans ce travail.

L'action à l'égard du cohéritier qui possède le fonds servant de gage à une dette de la succession, est dirigée de la même manière.

Merlin traite la question de savoir si on peut poursuivre une expropriation forcée contre un militaire en activité de service. D'après la loi de brumaire an V, on ne le pouvait pas; nous croyons pourtant, avec l'auteur du *Répertoire de jurisprudence*, que cette loi n'a eu d'autre but que de favoriser les militaires, à une époque où le besoin d'attirer sous les drapeaux un grand nombre de défenseurs devait nécessairement leur

faire offrir, en échange du sacrifice de leur vie, des prérogatives et des
immunités. Cette loi, selon nous, a été abrogée par le Code civil; un arrêt de la Cour royale de Nîmes [1] jugea la question dans notre sens, mais
il faut dire que la Cour suprème cassa cet arrêt [2]. Si l'on résout cette
question dans le sens de la Cour de cassation, il s'y rattache une autre
question non moins importante : c'est celle de savoir si le privilége
accordé aux militaires en activité de service s'étend aux immeubles de
la femme, lorsque le mari en a la jouissance. Pour nous, cette question n'en est plus une, et la Cour de cassation devait, comme elle l'a
fait [3], pour rester fidèle à son principe, décider l'affirmative.

CHAPITRE V.

EN VERTU DE QUEL TITRE PEUT-ON POURSUIVRE L'EXPROPRIATION?

Aux termes de l'art. 2213, « la vente des immeubles du débiteur ne
peut être poursuivie qu'en vertu d'un titre authentique, exécutoire,
et pour une dette certaine et liquide : si la dette est en espèces non li-
quidées, la poursuite est valable, mais l'adjudication ne pourra être
faite qu'après la liquidation. » Qu'est-ce donc qu'un titre authentique?
C'est un acte reçu par un officier public compétent, ayant le droit
d'instrumenter dans le lieu où l'acte a été reçu, et avec toutes les so-
lennités requises, ou une expédition en bonne forme d'un jugement
délivré par le greffier du tribunal.

On se demande si un exécutoire de dépens peut permettre de saisir
immobilièrement? Oui, sans doute, car il est délivré en forme exécutoire tout aussi bien qu'un jugement ou qu'un arrêt. La copie signifiée
d'un arrêt contenant des dispositions distinctes pour chaque partie qui
a figuré au procès, suffit également pour poursuivre l'expropriation,

[1] 24 thermidor an XIII.
[2] *Rapport de Carnot*, 20 avril 1811.
[3] 26 janvier 1811.

si toutefois l'exécution sur cette copie a été autorisée par une ordonnance de la Cour rendue au bas de la requête[1].

Un jugement provisoire ou exécutoire par provision, nonobstant
appel, peut aussi servir de base à une poursuite en expropriation forcée;
mais l'adjudication ne peut avoir lieu qu'après un jugement définitif
rendu en dernier ressort ou passé en force de chose jugée.

Un auteur estimé[2] dit que le créancier n'a pas besoin que le titre
authentique soit en son nom, pourvu qu'il contienne une délégation à
son profit, mais la signification du transport au débiteur devient nécessaire. Cette signification devra précéder le commandement, ou au
moins l'accompagner, et la Cour de Nîmes[3] a décidé qu'il est nécessaire
qu'en tête du commandement il soit donné copie du titre cédé, à
moins toutefois que cette notification n'ait eu lieu précédemment.

Quid dans le cas où l'on serait porteur de deux titres dont l'un serait
suffisant et l'autre insuffisant? Le titre insuffisant pourrait-il vicier la
saisie? Non, un seul suffit, et on appliquerait ici la maxime : *quod
abundat non vitiat.*

Dans le cas d'un jugement par défaut, la poursuite ne peut s'exercer
durant le délai d'opposition : mais quant à ce délai, le Code de procédure distingue entre les jugements rendus par défaut, lorsque la partie
n'a pas constitué avoué, et ceux au contraire où le défaut est pris
contre une partie qui a fait cette constitution. Dans ce dernier cas,
l'opposition est recevable pendant la huitaine à partir de la signification
du jugement, et par conséquent la saisie ne peut avoir lieu pendant
ce délai. Dans le premier cas, lorsqu'il n'y a pas eu constitution d'avoué,
l'opposition est recevable jusqu'à l'exécution du jugement, mais il ne
faut pas en conclure que l'on pourrait poursuivre immédiatement après
la signification, il faut au moins laisser écouler le délai ordinaire de
l'opposition. Pigeau prétend que si l'exécution provisoire d'un juge-

---

[1] *Journal du Palais*, Toulouse 1830, t. II, p. 33.
[2] M. Armand Dalloz, v[is] Saisie immobilière.
[3] 2 juillet 1808.

ment par défaut a été ordonnée avant l'expiration des délais d'opposition (ce qui ne peut avoir lieu que lorsqu'il y a urgence), cela n'autorise pas la saisie des immeubles, l'urgence n'étant nécessaire que pour les meubles. Nous pensons au contraire qu'il peut très-bien y avoir urgence soit pour immobiliser le plus tôt possible une récolte, soit pour empêcher le débiteur de faire des coupes de bois, et peut-être de vendre les biens; mais l'adjudication ne pourra avoir lieu qu'après le jugement qui aura statué sur l'opposition et en dernier ressort.

Les poursuites, en vertu d'un jugement susceptible d'appel, ne peuvent avoir lieu qu'après la huitaine qui suit le jour du jugement, parce qu'alors tous les droits conférés par la première sentence sont suspendus.

Le titre, avons-nous dit, doit être authentique et exécutoire, mais la dette doit de plus être certaine et liquide. Elle est certaine quand elle est établie par un titre ou par un jugement. Si elle était sous condition suspensive, on ne pourrait pas dire qu'elle est certaine, et tant que la condition ne serait pas accomplie, une simple saisie même ne pourrait avoir lieu. Si la condition est résolutoire, le créancier peut non-seulement saisir *pendente conditione*, mais même faire vendre, si du reste la dette est liquide, nonobstant la question de dommages-intérêts envers le débiteur en cas d'accomplissement de la condition.

La dette est liquide quand on sait qu'il est dû et combien il est dû, *an quantumque debuerit*, quand la quotité est fixe, peu importe que cette quotité soit en deniers ou autrement; seulement la différence entre le prix provenant de la vente et le montant de la dette restera au saisi.

Lorsqu'un créancier réclame plus que ce qui lui est dû, le débiteur ne peut sur ce seul fait demander l'annulation des poursuites; la plus pétition du Droit romain qui, jusqu'à Zénon, avait pour peine la perte de la chose, n'existe plus chez nous, et le débiteur doit, dans tous les cas, être puni pour n'avoir pas fait d'offres réelles.

CHAPITRE VI.

DEVANT QUEL TRIBUNAL DOIT ÊTRE PORTÉE LA SAISIE?

L'action en expropriation est une action réelle; il en résulte qu'elle doit être portée devant le tribunal du lieu où est situé l'immeuble. De ce principe isolé on devrait conclure qu'il y aura autant de saisies et de procédures distinctes qu'il y aura d'immeubles. Mais l'art. 2210, qui a eu pour but d'empêcher que le débiteur ne fût ruiné en frais, dispose : « que la vente forcée des biens situés dans différents arrondissements ne peut être provoquée que successivement, à moins qu'ils ne fassent partie d'une seule et même exploitation. » Cet article ajoute : « Elle sera suivie dans le tribunal dans le ressort duquel se trouve le chef-lieu de l'exploitation, ou à défaut de chef-lieu, la partie de biens qui présente le plus grand revenu d'après la matrice du rôle. »

Mais qu'arrivera-t-il si la valeur des immeubles réunis n'est pas équivalente au montant des créances? Le Code civil garde le silence à ce sujet. La loi du 14 novembre 1808 combla cette lacune. L'art. 1er porte en effet : « La saisie immobilière des biens d'un débiteur situés dans plusieurs arrondissements, pourra être faite simultanément, toutes les fois que la valeur totale desdits biens sera inférieure au montant réuni des sommes dues tant au saisissant qu'aux autres créanciers inscrits. » Cette loi ne distingue pas des différents cas où les biens seraient en tout ou seulement en partie hypothéqués, objet d'une seule ou de plusieurs exploitations; elle ne s'occupe que d'une seule chose: c'est que la valeur de ces biens ne surpasse pas la valeur de toutes les sommes dues.

Aux termes de l'art. 2211 du Code civil, si les biens hypothéqués au créancier, et les biens non hypothéqués, ou les biens situés dans divers arrondissements, font partie d'une seule et même exploitation, la vente des uns et des autres est poursuivie ensemble si le débiteur le requiert, et ventilation se fait du prix de l'adjudication s'il y a lieu.

Plusieurs auteurs ont vu une antinomie dans les art. 2210 et 2211 du Code civil, en ce que l'art. 2210 accorde au créancier le droit de poursuivre simultanément, lorsque les biens font partie d'une seule et même exploitation, tandis que l'art. 2211 semblerait ne lui accorder ce droit que sur la réclamation du débiteur. Cette antinomie, selon nous, n'existe point.

Exposons d'abord séparément ce qui résulte de l'art. 2210 et de l'art. 2211, et nous démontrerons ainsi qu'il n'y a aucune contradiction.

D'après l'art. 2210, lorsque les biens sont situés dans différents arrondissements, sans faire partie d'une seule et même exploitation, le créancier doit poursuivre la vente successive. C'est là un droit introduit en faveur du débiteur; si, au contraire, les biens font partie d'une même exploitation, situés ou non dans différents arrondissements, le créancier a le droit de poursuivre simultanément, sans que le débiteur le requière. Donc, si dans ce cas le créancier a fait une saisie simultanée, la saisie sera valable, et l'art. 2211 n'y fait pas obstacle. Ces mots, *si le débiteur le requiert,* contenus dans cet article, signifient que, dans le cas où les biens ne font pas partie d'une même exploitation et sont situés dans différents arrondissements, le débiteur a cependant le droit de demander la poursuite simultanée. Et en effet, en demandant la simultanéité des poursuites, il ne fait que renoncer à un droit introduit en sa faveur : *unicuique licet juri in favorem suum introducto renunciare.*

Il se présente ici une question qui n'est pas sans intérêt, c'est celle de savoir si le tribunal du chef-lieu de l'exploitation, devant lequel a été portée la vente de tous les immeubles dépendant d'une même exploitation, situés dans divers arrondissements, peut valablement ordonner la distribution du prix relative aux immeubles situés dans l'arrondissement voisin. En nous reportant aux véritables principes des actions qui concernent les hypothèques, nous devrions décider la négative, le règlement de l'ordre appartenant comme droit réel au tribunal du lieu dans lequel est situé l'immeuble. Mais la disposition qui ordonne de porter devant un seul tribunal l'expropriation forcée des immeubles situés dans divers arrondissements, quand ils font partie d'une même exploitation, est aussi un droit réel, et cependant la loi dit formellement que c'est dans le chef-lieu de l'exploitation que doit être poursuivie l'expropriatiom. Nous pouvons donc décider, en étendant cette dérogation aux principes, que la distribution du prix pourra être faite compétemment par le tribunal qui a ordonné l'adjudication, et c'est devant ce tribunal que les créanciers colloqués en rang utile recevront leur part, et que sera prononcée la radiation des créanciers tardivement inscrits.

Enfin, lorsque la saisie doit porter sur dés biens qui sont immeubles par l'objet auquel ils s'appliquent, comme l'usufruit et les actions en revendication, la saisie doit être portée au tribunal où le serait celle de l'immeuble objet de cet usufruit ou de cette action.

Quant à la saisie des actions de la banque de France, lorsqu'elles ont été immobilisées, ces actions étant des immeubles fictifs, n'ayant point, par conséquent, par elles-mêmes de situation fixe, doivent être considérées comme étant situées au domicile du débiteur, à moins que l'autorité ne décide qu'elles sont censées situées à Paris. C'était là l'ancien Droit, c'est encore le nouveau, lorqu'il s'agit d'un Français; mais s'il s'agit d'un étranger, c'est en son domicile que la saisie doit être faite; c'est ce qui résulte d'une déclaration du 7 septembre 1715.

CHAPITRE VII.

QUELS SONT LES DROITS DE L'ADJUDICATAIRE ET A QUELLES CHARGES EST-IL SOUMIS ?

Aussitôt que l'adjudication a été faite, le sort du saisi est fixé sans réserve : droits directs, droits indirects sur l'immeuble, il a tout perdu. Mais au même instant naissent les droits de l'adjudicataire; c'est lui qui vient remplacer le saisi.

L'adjudicataire d'immeubles vendus sur saisie immobilière, est dans une position tout exceptionnelle; un acquéreur ordinaire peut s'in-

former de l'origine de la propriété, la suivre dans toutes ses muta-
tions, prendre communication des titres, et s'il y a négligence, il ne
peut se plaindre du préjudice que lui a causé sa faute; la loi lui fournissait tous les moyens de se mettre en règle. L'adjudicataire par suite
de saisie immobilière, au contraire, chercherait en vain à se rappro-
cher du saisi qui se refuserait à tout renseignement, mécontent qu'il
est de se voir exproprié : c'est la justice qui est pour lui l'ancien propriétaire, et lorsqu'il a payé son prix, nul ne peut venir revendiquer
la propriété de l'immeuble qui vient de passer entre ses mains. Aussi
l'art. 717 du Code de procédure, qui règle tous ses droits, dit : « qu'il ne
pourra être troublé dans sa propriété par aucune demande en résolution fondée sur le défaut de payement du prix d'anciennes aliénations. »
Toujours attentive aux droits de tous, la loi a cependant mis une
exception à ce principe ; c'est lorsqu'avant l'adjudication, une demande en payement a été notifiée au greffe du tribunal où se pour-
suit la vente. Alors il doit être sursis à l'adjudication, et le tribunal,
sur la réclamation du poursuivant ou de tout créancier inscrit, fixe un
délai dans lequel le vendeur qui réclame son prix, est tenu de mettre
fin à l'instance en résolution fondée sur le non-payement du prix d'une
aliénation antérieure. Ce délai expiré sans que la demande en résolution ait été définitivement jugée, il doit être passé outre à l'adjudication, à moins d'une prolongation de délai, accordée pour des causes
graves et dûment justifiées. L'adjudicataire, quand bien même l'adjudication aurait eu lieu avant le jugement de la demande en résolution,
ne peut plus être poursuivi à raison des droits des anciens vendeurs,
s'il y a faute par ceux-ci, pour ne s'être pas conformés aux prescriptions
du tribunal. Il ne resterait plus à ces derniers qu'à se faire colloquer
dans l'ordre pour le payement de leur prix.

Mais toujours l'adjudicataire devra prendre les plus minutieuses précautions avant de se décider à livrer son prix ; et, en étendant les dispositions de l'art. 2186 du Code civil, nous pensons qu'il pourra même
le consigner, tout aussi bien que l'acquéreur volontaire. Où serait, en

effet, la raison de différence? L'argument contraire que l'on voudrait tirer de l'art. 750 du Code de procédure, ne nous paraît point exact. Pourquoi enlever à l'adjudicataire par suite de saisie une faveur accordée à tout acquéreur ordinaire?

DE L'ORDRE.

L'ordre est la procédure commune pour distribuer judiciairement le prix de tout immeuble vendu, quelle que soit la nature de la vente. C'est, comme on le voit, le règlement du rang que chaque créancier privilégié ou hypothécaire doit occuper dans la répartition du prix des immeubles du débiteur. Si, après le payement intégral des créanciers privilégiés et hypothécaires, et des frais de procédure, il reste encore des deniers, ils serviront à payer les créanciers chirographaires qui viendront alors par contribution, comme lorsqu'il s'agit de distribuer le prix des meubles.

La demande au moyen de laquelle l'ordre est introduit est une action réelle, puisqu'elle a pour objet des deniers immobiliers, qui sont le gage des créanciers : elle doit donc être portée devant le juge du tribunal où est situé l'immeuble dont le prix est à distribuer.

Jusqu'à la publication du Code de procédure, cette matière n'avait point de règles fixes. L'ordonnance de 1667, qui ne s'occupait pas de la saisie immobilière, ne parlait pas de l'ordre; alors il existait autant d'usages que de juridictions. Dans certaines provinces (c'étaient les plus nombreuses), l'ordre se dressait avant la vente, pendant la poursuite. Dans la plupart des autres, l'ordre ne se faisait qu'après l'adjudication. Dans les unes des formalités nombreuses entraînaient des frais énormes, dans les autres le manque de formalités enlevait au créancier toute sécurité. Mais enfin le Code de procédure vint établir des règles uniformes. Ses rédacteurs puisèrent la plupart de leurs documents dans l'ancienne procédure du Châtelet de Paris, en admettant toutefois les modifications que nécessitait notre nouveau système hypothécaire.

Un principe fort remarquable en cette matière, c'est que, en cas d'aliénations autres que celles par expropriation forcée, il ne peut y avoir d'ordre, s'il n'y a plus de trois créanciers inscrits; dans le cas d'expropriation, au contraire, il suffit de deux créanciers inscrits pour que l'ordre puisse avoir lieu, si toutefois il y a désaccord entre eux et le débiteur. Le vœu de la loi tend en effet à l'accord des créanciers, et ce n'est qu'à défaut de cet accord qu'elle autorise l'ouverture de l'ordre.

Nous diviserons cette matière en sept parties. Nous traiterons 1° des préliminaires de l'ordre; 2° de son ouverture; 3° de sa poursuite; 4° de sa confection; 5° des contestations qui peuvent s'élever au sujet de l'ordre; 6° de ses effets; 7° enfin de son exécution.

1° *Préliminaires de l'ordre.* Ils consistent dans la signification du jugement d'adjudication *au saisi*, à la requête soit du poursuivant, soit de tout créancier, même les chirographaires, s'ils ont formé opposition. Nous disons au saisi seulement, nous rangeant dans cette circonstance à l'avis de MM. Rauter et Pigeau. Il est impossible, en effet, de méconnaître l'avantage qui résulte de cette signification au saisi seul; c'est économiser des frais énormes, puisque les créanciers ne figurent point au jugement; c'est le poursuivant qui tient leur place, c'est lui seul qui agit en leur nom. Quelque fortes que paraissent être les objections qu'opposent à ce système MM. Lepage[1], Demiau-Crouzilhac[2], Berryat Saint-Prix[3] et Carré[4], qui s'appuient tant sur la maxime *paria sunt non esse et non significari* que sur la lettre de l'art. 749 du Code de procédure, nous croyons formellement que l'opinion contraire doit être adoptée; et à l'arrêt de la Cour de Metz, du 22 mars 1817[5], qui con-

---

[1] *Traité des saisies*, t. II, p. 232
[2] Page 463.
[3] Page 610, note 4.
[4] Tome III, n° 2540.
[5] Sirey, XIX, 1, 134.

sacre l'opinion de MM. Rauter et Pigeau, nous joindrons un autre arrêt de la Cour de Colmar, rappelé dans le *Cours de procedure* du premier de ces auteurs[1].

Pendant le délai d'un mois, à partir de cette signification, le saisi et les créanciers privilégiés ou hypothécaires devront chercher à s'accorder et à régler entre eux. Mais pour que ce règlement soit valable, il faut que tous les créanciers et le saisi soient présents et donnent leur consentement. Les créanciers qui auront fait un arrangement pour une distribution conventionnelle, doivent ne pas négliger de faire homologuer leur traité, et de faire prononcer la déchéance des créanciers qui jusqu'alors n'auraient pas produit. Si cet arrangement ne peut avoir lieu, le saisissant dans la huitaine et le plus diligent des créanciers ou l'adjudicataire, après ce délai, doivent requérir la nomination d'un juge-commissaire devant lequel il sera procédé à l'ordre. Il est tenu, à cet effet, au greffe un registre des adjudications, sur lequel le requérant l'ordre fait son réquisitoire à la suite duquel le président nomme le commissaire à l'ordre.

2° *Ouverture*. L'ouverture de l'ordre consiste dans un procès-verbal où le juge-commissaire constate la présentation de la requête prescrite par l'art. 751 du Code de procédure, la délivrance et l'annexe de l'extrait des inscriptions qui a été délivré par le conservateur, et qui a dû être joint à la requête. La réquisition suffit pour tout le cours des poursuites, sans qu'il soit besoin de la renouveler pour chaque acte nouveau.

3° *Poursuite*. Elle se fait en vertu de l'ordonnance du juge-commissaire, par une sommation signifiée, aux domiciles élus par leurs inscriptions, aux créanciers, pour les engager à produire. Dans le cas de constitution d'avoué pour la saisie, ces avoués sont continués pour l'ordre, et la sommation est faite à leur domicile. Pour les créanciers chirographaires opposants, cette sommation est faite au domicile élu dans le lieu où demeure l'adjudicataire. Dans le mois de la sommation, chaque

[2] *Journal de la Cour de Colmar*, t. XIII, p. 33.

créancier est tenu de produire ses titres avec acte de produit signé de son avoué, et contenant demande en collocation. Cette remise est indiquée dans le procès-verbal. La production doit être faite dans le mois, à dater de la sommation, non qu'elle soit absolument inadmissible si elle a été faite tardivement, mais l'art. 757 du Code de procédure impose aux créanciers une peine civile, et les force à supporter les frais occasionnés par une production tardive[1]. La production n'est pas interdite aux chirographaires, mais ils supportent les frais de toute vaine production. Il est à remarquer que le créancier qui produit en vertu de plusieurs titres, soit comme créancier personnel de tout temps, soit comme cessionnaire, doit produire par un seul et même acte.

4° *Confection.* Le mois depuis la dernière sommation étant expiré, ou même avant, si tous les créanciers ont produit, le juge-commissaire dresse, à la suite de son procès-verbal, l'état de collocation sur les pièces produites. Alors commence pour lui la tâche minutieuse de ranger les créanciers à la place qu'ils doivent occuper dans l'ordre. Il doit en cette circonstance suivre les principes du Droit civil concernant le droit de rétention et les hypothèques; et si, après collocation des créanciers privilégiés et hypothécaires, il reste encore des fonds, et que les créanciers chirographaires aient aussi produit, il devra, comme nous l'avons dit, faire entre eux une distribution au marc le franc. En tous cas, les frais d'ordre sont colloqués avant tous autres priviléges. Quoique cet état ne soit que provisoire, tant relativement aux créanciers qui ont produit, qu'ils soient colloqués ou non, que relativement à ceux qui n'ont point encore rempli cette formalité, il faut néanmoins que la plus grande attention préside au travail du juge-commissaire. Car si une réformation devenait nécessaire, elle entraînerait avec elle des lenteurs qu'il importe d'éviter.

Le poursuivant l'ordre dénonce aux créanciers produisants, et à la

[1] Limoges, 5 juin 1817, Sirey, XVIII, 1, 307

partie saisie, la confection de l'état de collocation, avec sommation d'en prendre communication, et de contredire sur le procès-verbal du juge-commissaire dans le délai d'un mois. Dans le cas fort rare où la partie saisie n'aurait pas d'avoué, la dénonciation, qui d'ordinaire se fait par acte d'avoué à avoué, se ferait à sa personne ou à son domicile. Cette question, longtemps indécise, a été décidée *in terminis* par un arrêt de la Cour de Rennes[1], auquel se sont rangés les autres Cours, ainsi que les auteurs. Faute par les créanciers produisants de prendre communication des productions, forclusion est prononcée contre eux, sans sommation, ni jugement. Il ne sera fait aucun dire s'il n'y a contestation : ils seraient en effet inutiles. Cette forclusion consiste[2] en ce que les créanciers ne sont plus recevables à élever aucune discussion sur l'ordre, le rang des hypothèques et même la légitimité des créances. Elle n'est point prononcée contre le créancier qui, par suite d'une erreur, n'aurait point été appelé au règlement d'ordre; il peut néanmoins être admis à contredire[3]. Les créanciers qui n'auraient produit qu'après le délai fixé supportent sans répétition, et sans pouvoir en aucun cas les employer (ce serait faire tomber sur les autres la faute de sa négligence), les frais auxquels leur production tardive a donné lieu. Ils sont de plus garants des intérêts qui auront couru à compter du jour où ils auraient cessé si la production eut été faite dans le délai fixé.

Le commissaire clôt l'ordre sur le procès-verbal, et ordonne la délivrance des mandats de payement ou bordereaux de collocation, conformément à l'art. 759 du Code de procédure.

5° *Contestations.* Toute contestation se fait par un dire et des conclusions sur le procès-verbal par le ministère d'avoué. On conçoit qu'elles ne peuvent s'élever qu'entre des créanciers qui ne seraient pas satisfaits du rang qu'on leur a assigné. Les contestations ne peuvent entraver le

[1] 10 janvier 1813.

[2] Tarrible, p. 681.

[3] Carré, p. 16, t. III.

payement des créances qui précèdent celles que l'on conteste; elles ne suspendent la clôture de l'ordre que relativement au créancier dont la collocation est contestée, et à ceux qui viennent après lui: aussi le juge-commissaire fera-t-il la clôture de l'ordre pour les créanciers antérieurs, et leur fera-t-il délivrer des mandats de payement. Les créanciers ainsi payés ne seront tenus à aucun rapport envers ceux qui produiraient postérieurement. M. Carré[1] propose et résout de la manière suivante la question discutée de savoir si: « tant que les créanciers, colloqués aux termes de l'art. 758 du Code de procédure, n'ont pas touché le montant de leur collocation, les créanciers qui produiraient ultérieurement pourraient, sauf les peines portées en l'art. 757, s'opposer à leur payement, s'ils prétendaient devoir être colloqués avant eux. » Les créanciers, dit-il, qui produiraient tardivement, ont la faculté de former opposition à la délivrance des bordereaux ou au payement, en dénonçant leur production et en offrant d'acquitter les dépens nécessités par cette production tardive. Cette opinion n'est autre que celle de plusieurs auteurs recommandables[2]. Nous ajouterons avec M. Rauter, qu'après la clôture totale, et l'ordonnance de déchéance qu'elle contient, les créanciers tardifs ne seraient plus recevables à former opposition au payement: ils ne le sont qu'en cas de clôture partielle. L'opinion de M. Tarrible[3] paraît néanmoins avoir conduit à une autre solution, mais qui nous semble moins exacte que la première.

Les contestations sont renvoyées par le juge à l'audience: elles se font sans défense par écrit; les dires sur le procès-verbal sont considérés par la loi comme suffisant à l'instruction; toutefois, lorsque les parties sont renvoyées à l'audience, elles peuvent alors plaider, et l'affaire n'en est pas moins censée instruite par écrit.

Un seul avoué est constitué pour tous les créanciers intéressés; le

[1] T. III, page 19.

[2] Delaporte, t. II, p. 343. — Demiau-Crouzilhac, t. II, p. 469. — Rauter, *Cours de procédure civile*, p. 375.

[3] Tarrible, p. 680.

jugement est rendu, comme en matière sommaire, sur le rapport du commissaire et sur les conclusions du ministère public, sans qu'il puisse être attaqué par la voie de l'opposition, lorsqu'il est rendu par défaut. Il est inscrit à la suite du procès-verbal, et l'appel doit en être interjeté dans les dix jours de la signification à avoué, outre un jour par trois myriamètres de distance du domicile réel de chaque partie. Il ne sera signifié en appel que des conclusions motivées de la part des intimés avec la procédure la plus simple. L'arrêt contiendra liquidation des frais, sans que les parties qui succomberont, et qui de droit sont condamnées aux dépens, puissent les répéter. Quinzaine après le jugement des contestations ou après la signification de l'arrêt en cas d'appel, clôture de l'ordre est définitivement faite.

6° *Effets*. L'ordre n'opère point novation; ce n'est point une dette nouvelle qui vient d'être créée; et bien que le bordereau représente une action sur le prix à distribuer, ce n'est, en effet, qu'une simple indication de payement. On se rend parfaitement compte de cette manière de raisonner en remarquant que le privilége ou l'hypothèque, qui ont été la source de toute cette procédure, durent jusqu'à parfait payement [1], que les bordereaux de collocation aient été ou non délivrés. Le principal effet de l'ordre est de donner droit aux intérêts courant pendant l'instance d'ordre et jusqu'à la clôture, qu'il y ait ou non contestation. Ces intérêts sont dus au même rang que le capital et en sus des intérêts jouissant de droit de ce rang.

7° *Execution*. Dans les dix jours après l'ordonnance du juge-commissaire, le greffier délivre à chaque créancier utilement colloqué le bordereau de collocation qui sera exécutoire contre l'acquéreur, c'est-à-dire qu'il peut être contraint au payement, soit par saisie de ses biens personnels, soit par voie de folle enchère, soit enfin par saisie de l'immeuble vendu. Il est bien certain que c'est seulement lorsque l'acquéreur n'a point vidé ses mains, que le bordereau est exécutoire contre

[1] C. c., arg. art. 2186 et 2198.

5.

lui; car s'il a consigné les fonds, c'est contre le consignataire que le bordereau devient exécutoire. Suivant M. Tarrible, il doit être délivré au créancier, non pas un seul bordereau, mais autant qu'il y a pour lui de collocations distinctes.

En donnant quittance du montant de sa collocation, le créancier colloqué consentira la radiation de son inscription, radiation qui sera faite conformément aux art. 2158 du Code civil et 759 et suivants du Code de procédure. A mesure que le payement des collocations s'effectue, le conservateur, sur la représentation du bordereau et de la quittance du créancier, décharge d'office l'inscription jusqu'à concurrence de la somme acquittée.

Les créanciers d'un créancier colloqué peuvent exercer leurs droits sur la collocation de leur débiteur, dont l'objet est cependant, à leur égard, considéré comme chose mobilière. Tous les créanciers du reste, qu'ils soient privilégiés, hypothécaires ou non, sont, relativement à cet objet, considérés comme simples chirographaires, sauf l'exercice des priviléges généraux sur les meubles; il n'y a donc pas lieu à *sous-ordre*. Pour jouir de ce droit, il suffit de s'être fait inscrire aux hypothèques ou d'avoir formé opposition avant la clôture de l'ordre.

JUS ROMANUM.

DE DISTRACTIONE PIGNORUM.

PROÆMIUM.

Pignus vel hypotheca nihil aliud est quam jus in re creditori in securitatem debiti constitutum. Pignus et hypotheca in eo discrepant, quod pignus propriè est, cùm simul res traditur, maximè si sit mobilis; hypotheca autem : quæ sine possessionis translatione, nudâ conventione obligatur. Attamen pignus frequenter etiam de re immobili, nudâ quoque conventione, constitui dicitur.

Pignus constituitur aut lege et jure ipso, aut alieno facto. Lege : cum favore personæ aut causæ, de quâ agitur, pignus ex privilegio quibusdam personis datur, veluti : quod in bonis debitorum fisci datur; pupillis et adolescentibus, pro gestione, in bonis tutorum et curatorum; uxori in rebus mariti, in causâ dotali; legatariis, pro emolumento legatorum in bonis defuncti; cuivis creditori in illis ædibus, in quarum restitutionem pecuniam credidit.

Operâ et facto alieno pignus constituitur seu publicâ auctoritate, seu privatâ domini voluntate, cui alienatio rei permittitur.

Publicâ auctoritate quod constituitur, *prætorium* appellatur. Ejus autem duæ sunt species. Altera ex causâ missionis in bonorum possessionem, scilicet, cum creditor, jussu magistratus, mittitur in possessionem debitoris bonorum : altera, ex causâ judicati, cum debitoris condemnati, nec judicatum solventis, bona jussu magistratus, in executione judicati, capiuntur, ut vendantur et indè satisfiat judicatis.

Pignoris constituti hic usus, ut creditori diligentius cautum sit, magisque in tuto sit creditum. Cautio hæc in duabus rebus consistit, in quibus etjus creditoris agnoscitur. Altera, ut creditori tenere pignus, eique liceat incumbere donec ei fiat satis. In jure enim dicitur plùs esse cautionis in re quam in personâ. Altera, ut, si debitor solvere cesset, jus creditor habeat pignus, bonà fide, distrahendi; sive de eo distrahendo pactum intervenerit, sive non. Quin imo et si pactum fuerit de non distrahendo, adhùc tamen creditori distrahere licebit.

Nunc de formâ et effectu distractionis videamus.

CAPUT PRIMUM.

DE FORMA DISTRACTIONIS.

Quoad formam pignoris distrahendi duplex est quæstio. Una, an creditor *jure suo* pignus distrahere possit; altera, si potest, quando possit et quæ solemnitates observandæ sunt? ,

De jure creditoris in pignore distrahendo sic statui potest: jure suo illum pignus distrahere, sive pactum fuerit ut id facere liceret, sive non, modò non intervenerit pactum *de non distrahendo pignore.*

Pretor enim in edicto pollicitus est se venditionem pignoris esse servaturum, nisi contrà legem ejus pignoris fiat, hoc est modo lex contractus non reluctetur. Et hoc in latioribus libris Pandectarum et in Codice sancitum est: sic enim disposuit imperator Gordianus : « Si cessante solutione, creditor non reluctante lege contractus, ea, quæ sibi pignori nexa erant, distraxit : revocari venditionem iniquum est » (*L. 7, C. de distract. pign.,* VIII, 28).

Quoad tempus pignoris distrahendi tres casus iterum distinguendi sunt : aut expressè convenit ut, non solvente debitore, distraheretur pignus; aut nulla pactio de eâ re intervenit; aut convenerit de non distrahendo. Si pactus est ut distraheretur, creditor, sine ullâ temporis intercessione, pignus vendere potest.

Quod si nulla intercesserit pactio aut de non distrahendo convenerit, jure veteri, licentia creditori non dabatur pignus distrahendi, nisi debitori ter fuerit denunciatum ut solveret'et cessaverit. Ut legere est in L. 4, D. de pignoratitiâ actione, ubi Ulpianus : Si convenit de distrahendo pignore, sive ab initio, sive posteà, non tantum venditio valet, verùm incipit emptor dominium rei habere. Sed et si non convenerit de distrahendo pignore, hoc tamen jure utimur, ut liceat distrahere : si modo non convenit, *ne liceat.* Ubi vero convenit *ne distraheretur,* creditor, si distraxerit, furti obligatur, nisi ter fuerit denunciatum, ut solvat, et cessaverit. Jure autem novo aliter res se habet. Justinianus enim sancivit, licentiam dari creditori ex unâ denunciatione, vel ex sententiâ judiciali, post biennium ex quo attestatio missa est, vel sententia prolata, numerandum, rem pignoratam vendendi. *L.* 3, § 1, *D. de jure dominii impetrando,* VIII, 34. Nunc autem animadvertendum est quod si pactum est *ne distrahatur pignus,* trinas denunciationes adhùc necessarias esse ut pignus vendatur, ratio quia hâc de re nihil immutatum est.

Trinas denunciationes sic accipiendum, non ut eodem tempore ter dicatur debitori ut solvat, hoc enim nihil ab unâ denunciatione discrepat, sed ità ut inter singulas denunciationes, aliquod intercedat intervallum. Quæritur autem quod nam intervallum inter unam quamque denunciationem intercedere debeat ? Plerique putant, unum diem. Nos verò aliter sentimus, et probabiliter dici posse existimamus, ità ter esse denunciandum, ut per intervallum denuncietur non minùs quam decem dierum, atque ità post triginta demum diebus elapsis pignus creditori vendere liceat. Et multis in locis hoc probatum est[1]. Reperitur enim, quod cùm de exigendâ pecuniâ, debitore que conveniendo agitur, non statim, sed post aliquod intervallum, neque tempus lege aut edicto definitur, decem dierum spatium, ut minimum, requiritur. Cum sit igitur hoc jus pignoris proprium ut id creditor vendere possit sequitur, quandiù non est integra creditori numerata

---

[1] *L.* 21, *D. de constitutâ pecuniâ,* XIII, 5. — *L.* 68, 69, *D. de judiciis,* V, 1.

pecunia rem obligatam totam distrahendi facultatem habere, ut constat ex L. 7, C. de distract. pign. Pignus enim non esse desinit nisi omni pecuniâ solutâ.

Denique exindè hoc consequitur, cum, pluribus rebus pignori nexis, sive generali obligatione omnibus, singula pignoris jure teneantur, creditorem, ut ad commodum suum perveniat, ex his rebus quas velit distrahere posse (*L. 8, D. de distract. pign.,* XX, 5). Hoc jus tamen ex constitutione divorum fratrum temperatum est, nam ille, qui specialiter quædam et omnia bona generaliter accepit, quamvis æquale jus in omnibus habeat, tamen si certum sit creditorem ex his rebus quæ nominatim ei datæ sunt universum debitum posse redigere, res quæ posteà ex eisdem bonis pignori acceptæ sunt, non licet auferre nedum distrahere.

Videamus nunc quæ solemnitates in distrahendo, a creditore observandæ sint; lex enim jubet venditionem bonâ fide et solemniter fieri (*L. 9, C. de distract. pign.,* VIII, 28).

Bonâ fide, ut omnis collusio cesset, et res quanti valere potest, distrahatur. Itaque et rem proscribere debet creditor, quò facilius emptor reperiatur. Quod si his prætermissis distractio a debitore facta est, contra bonam fidem fieri dicitur. In vendendo autem pignore non solum sine fraude creditor agere debet, verùm etiam ad instar procuratoris diligentiam adhibere; nec ipsi rem pignori obligatam sibi addicere potest, quod constat ex lege 10, C. de distract. pign. ubi : « jure enim pignoris obligatum prædium, neque si per subjectam personam creditor comparaverit, neque si sibi addixerit, debitori affert prejudicium, sed in eâdem causâ permanet in quâ fuit ante hujusmodi collusionem. »

Sin autem nullum emptorem probabilem res inveniat, tum dominium per principis rescriptum, prorata debiti, creditor impetrare poterit, ità tamen ut, præter pignus exæquendi judicati causâ captum, non nisi iteratâ denuntiatione dominium impetret creditor, tum etiam pietatis intuitu habeat debitor intrà biennii tempus in suam rem regressum, si modó pecuniam exsolvat cum usuris et damnis, vitio ejus creditori illatis. Quod si biennium elapsum fuerit, rem habet creditor, et pleno jure dominus efficitur, eà lege, ut si pluris res valeat quam debetur, id debitori præstet: si minoris, id quoque creditor a debitore consequatur.

CAPUT SECUNDUM.

DE EFFECTU DISTRACTIONIS.

Effectus distractionis tum ad emptorem, tum ad creditorem, aut postremó ad debitorem spectant. Et primùm dè emptore videamus quid in eum transferat distractio.

Distractione autem pignoris dominium ad emptorem tam transfertur, quam si debitor ipse vendidisset, si modó is dominus fuerit, atque omninó omne jus quod fuit penès illum transmittitur. Animadvertendum èst autem traditionem necessariam esse ad hæc jura transferenda, ut scriptum est in L. 13, C. de distract. pign. : « Qui prædium obligatum a credidore comparavit, si in vacuam possessionem inductus non est, nullam in rem actionem habet. » Hæc venditio hanc vim habet, ut etsi emptori posteà debitum offeratur a debitore, cujus res obligata erat, is tamen non possit ab emptore vindicare : sin autem non jure facta fuerit distractio, vindicandi debitori licentia datur.

Quod si negligentia aut dolus malus in distractione adhibita sunt, nunc adversus creditorem ad damnum datum resarciendum, nunc adversus emptorem, ut res restituatur, dantur condictiones. Evictionis autem nomine creditor, si modó jure creditoris vendidit, emptori non tenetur ad pretium ex empto actione restituendum, nisi hoc aut pactum fuerit, aut de dolo nominatim repromissum. Sed etsi non repromiserit; sciens tamen sibi rem non obligatam, vel non esse ejus qui sibi obligavit, distraxerit, ex empto actione tenebitur : ratio quia dolum præstare debet. Idem et dicendum si alii creditores inveniantur qui jus potentius habeant (*Cf. L. 8, C. qui pot. in pign.*).

Cæterum jus pignoris distractione tollitur et ejus qui vendidit, et aliorum creditorum qui aut jure infirmiori gaudent, aut programmate admoniti, cum præsentes essent, jus suum non executi sunt, quia videri possunt pignoris obligationi renunciasse (*L.* 6, *C. de remissione pignoris,* VIII, 16). Ita tamen ut creditor, qui ex rerum distractarum pretio aut nihil aut minus debito sine suâ culpâ abstulerit, sive quod pignus idoneum non esset, sive quod res aliena data esset, jus suum adversùs debitorem servet, tum etiam actionem ad impensarum necessariarum restitutionem.

Sed ut ad debitorem respiciamus dicemus quod : quidquid ad creditorem ex re venditâ pervenerit, id debitori ad liberationem proficiet.

DROIT COMMERCIAL.

FORMATION DU CONCORDAT.

(C. de com., art. 507—515.)

Généralités.

Toutes les mesures provisoires de la faillite sont terminées; un juge-commissaire, des syndics ont été nommés pour présider et assister à tous les actes qui ont suivi sa déclaration; l'inventaire de tous les biens du failli a été fait; les créances ont été vérifiées et affirmées; l'état du failli est connu. Alors la loi vient à son secours et lui donne la faculté de tenter encore avec ses créanciers un arrangement. Ceux-ci, s'ils l'en jugent digne, s'ils ne voient dans sa position que le résultat du malheur, feront cesser la faillite, le replaceront à la tête de ses biens, et lui accorderont la faveur d'un concordat. Si, au contraire, par sa mauvaise gestion, par ses dépenses excessives, ou par sa mauvaise foi peut-être, le failli leur a enlevé toute confiance, ils laisseront la faillite reprendre sa marche, et l'on tombera dans le régime de l'union.

Le mot *concordat* (du latin *concordare*), comme l'indique son étymologie, pourrait s'appliquer à toute convention, car dans toute convention il doit y avoir accord; mais l'usage l'a consacré spécialement pour désigner, dans le droit intérieur, un traité dans les faillites, et, dans le droit international, l'accord du gouvernement avec le pape.

6.

M. Renouard, dans son *Traité des faillites et des banqueroutes*[1], dé-
finit le concordat : un traité entre le commerçant failli et ses créanciers,
par lequel ceux-ci, dans la vue de moins perdre sur leurs créances,
consentent à ce que leur débiteur obtienne des délais pour payer, ou
ne paye qu'une partie de ce qu'il doit. Cette définition, bonne du reste,
ne nous semble point être aussi complète, ni s'appliquer d'une manière
aussi précise à tous les cas, que celle qu'en donne M. Thieriet, dans
son cours. C'est, selon ce professeur, un traité authentique, formé
selon les conditions prescrites par la loi, entre le failli d'une part, et
une majorité déterminée en nombre et en somme des créanciers chirographaires vérifiés et qui ont affirmé leurs créances, ou provisoirement admis, de l'autre part, et homologué par la justice, lequel fait
cesser le régime de la faillite, et rend au failli l'administration de ses
biens, moyennant les nouvelles obligations qu'il contracte envers ses
créanciers.

C'est bien un traité et non un contrat; dans tout contrat, en effet,
il y a quatre conditions essentielles : l'une d'elles, le libre consentement, l'accord des parties, manque dans le concordat. Il y a bien aussi
accord, si l'on veut, dans le concordat, mais cet accord n'est point una-
nime : c'est une majorité qui impose sa volonté à une minorité forcée,
malgré elle, de s'y soumettre.

Il semblerait au premier coup d'œil qu'il y ait quelque chose d'exorbitant dans ce droit accordé au failli de venir traiter juridiquement
avec ses créanciers de la part plus ou moins grande qu'il veut leur faire
perdre sur leurs créances; mais en entrant plus avant dans la question,
il est facile de voir que cette faveur accordée au failli est aussi un
avantage fait aux créanciers, qui, souvent, au lieu de ne perdre qu'une
partie de leurs créances, se verraient forcés de faire l'abandon du tout,
si la loi ne leur fournissait pas la ressource du concordat. Il y a sacrifice
d'une partie de la créance pour la conservation de l'autre, mais ce sacri-

[1] Tome II, p. 57.

'fice, la loi a cherché à l'entourer de toutes les précautions, de toutes les garanties qu'elle avait à sa disposition. Il n'est pas, malgré cela, en matière de faillite, de question qui ait donné lieu à plus de dissidences d'opinions que celle du concordat; aussi voyons-nous le nombre des articles de cette section du Code de 1807 avoir été plus que doublé par le législateur de 1838.

Comme nous n'avons à nous occuper ici que de la formation du concordat, nous allons étudier successivement : 1° quelles sont les conditions réquises pour qu'il puisse y avoir concordat; 2° quelles sont les formalités de ce traité; 3° les oppositions que l'on peut y former, et 4° enfin son homologation.

§ 1er.

Conditions requises pour que le concordat puisse avoir lieu.

Il semblerait naturel que le concordat pût être formé à toutes les époques de la procédure; sous la législation antérieure au Code de commerce, un pareil état de choses ne trouvait en effet pas d'obstacles. Cependant notre art. 507 indique, et l'ancien Code l'avait fait avant lui, un moment déterminé où pourra avoir lieu le concordat. Le but seul de ce traité et une étude un peu approfondie de la question démontrent clairement l'utilité d'une pareille mesure. Le concordat, qui va faire cesser la faillite, qui va remettre tous ses biens entre les mains du commerçant et l'entourer de tant d'avantages, ne doit pas être pour lui un moyen de mauvaise foi, un traité ténébreux où prendront place la ruse et la fraude. Aussi ce n'est qu'au failli malheureux qu'est réservé le bénéfice du concordat, et pour lui seul aura lieu cet arrangement refusé à tous ceux que ne peut favoriser la justice. Mais pour s'assurer de cette bonne foi du failli, il faut que son état soit connu, que tous ses actes aient passé sous les yeux du juge-commissaire, comme surveillant à tous les faits de la faillite. Ce ne sera donc qu'après la vérification et l'affirmation des créances que le concordat pourra être proposé.

Parcourons maintenant les différentes positions dans lesquelles peut se trouver le failli, et voyons dans quels cas il pourra jouir de ce bienfait du concordat.

Ici quatre hypothèses se présentent : ou bien le failli est condamné comme banqueroutier frauduleux, ou il est seulement poursuivi comme tel ; ou bien il est condamné comme banqueroutier simple, ou seulement poursuivi, ou bien enfin il n'est que malheureux.

Examinons successivement chacune de ces hypothèses.

1° *Le failli est condamné pour fait de banqueroute frauduleuse.* Dans ce cas il est déclaré de mauvaise foi, condamné à une peine infamante, sous le poids d'une interdiction légale : le concordat devient impossible. S'il s'était enfui, s'il avait été condamné par contumace, il ne pourrait y avoir non plus de concordat, puisqu'il n'est pas présent, et que le concordat ne peut avoir lieu qu'en présence du failli.

2° *Le failli n'est que poursuivi comme banqueroutier frauduleux.* Sous l'empire du Code de 1807, il ne pouvait y avoir concordat : l'art. 521 de ce Code s'y opposait formellement. Mais la crainte de punir, par la privation du concordat, un innocent qui pouvait être acquitté, et les immenses avantages qui résultent de ce traité, auquel la loi aspire avec tant de force, ont dû faire modifier dans l'application les dispositions rigoureuses autrefois en vigueur. Ces dispositions blessaient l'équité, et se mettaient évidemment en contradiction avec le principe de la législation pénale, d'après lesquels on doit considérer comme innocent celui contre lequel une condamnation n'a point encore été prononcée.

Aussitôt qu'une présomption de banqueroute frauduleuse s'est glissée dans l'esprit, soit des créanciers, soit des syndics, soit du juge-commissaire, ils doivent s'adresser au ministère public, qui s'empressera de poursuivre. L'instruction une fois commencée, les créanciers devront être convoqués à l'effet de décider s'ils se réservent de délibérer sur un concordat dans le cas d'acquittement, et si conséquemment ils surseoient à statuer jusqu'après l'issue des poursuites. D'après l'instruction, en effet, ils ont pu se renseigner, leurs doutes seront devenus des certitudes ou bien ils se seront dissipés.

Les créanciers, dans le cas d'une poursuite pour banqueroute frauduleuse, se trouvent dans une position embarrassante. Ils doivent remarquer deux choses : c'est que, d'un côté, le failli peut être condamné ; et admettre le concordat avant la condamnation, ce serait se mettre en opposition avec la disposition du Code qui interdit le concordat à tout banqueroutier frauduleux : c'est s'exposer à voir prononcer la nullité de ce traité. D'un autre côté, si l'on attend l'issue des poursuites, il en résulte des lenteurs qui ne pourraient que faire souffrir la faillite. Ils devront donc peser et examiner avec soin les circonstances de la cause d'après les preuves qui sont de notoriété publique, d'après l'utilité ou les inconvénients que peut offrir le concordat.

Si l'on surseoit à statuer, ce sursis ne pourra être prononcé qu'à la majorité en nombre et en somme déterminée par l'art. 507 du Code de commerce.

3° *Le failli est condamné comme banqueroutier simple.* Dans ce cas le concordat pourra être accordé. C'est là encore une dérogation à la rigueur des anciennes dispositions, qui regardaient la condamnation pour fait de banqueroute simple comme devant rendre le concordat impossible. On conçoit parfaitement que les chambres, plus tard, en modifiant la loi, soient revenues sur de pareilles dispositions. Le concordat, en effet, n'est point utile seulement au débiteur, comme on se le figurait d'abord, mais encore aux créanciers, aux intérêts desquels nuit toujours une déclaration de faillite. Et puis les créanciers ne doivent pas oublier qu'une seule irrégularité dans les livres peut faire déclarer un commerçant banqueroutier simple.

4° *Le failli est poursuivi seulement comme banqueroutier simple.* Qu'arriverait-il si la banqueroute simple n'a pas encore été déclarée ? En s'appuyant sur la solution de l'hypothèse précédente, on devrait dire que *a fortiori* le concordat peut être accordé. Cependant la loi complète ici son systéme en laissant aux créanciers la faculté de surseoir à délibérer jusqu'après l'issue des poursuites. La raison de cette disposition est facile à saisir; en effet, quoique le failli ne soit que poursuivi et non condamné pour fait de banqueroute simple, et que, par conséquent, on doive le considérer comme innocent, on ne sait point cependant pour quel fait il pourra être condamné, et il peut se faire qu'il n'y ait d'abord que poursuite pour banqueroute simple, et qu'à la suite de l'instruction le failli soit condamné comme banqueroutier frauduleux. On a donc dû admettre ici une mesure provisoire, le sursis, qui est une exception à la rapidité de la marche de la faillite. Le sursis sera accordé par les créanciers convoqués comme dans le cas de poursuite pour banqueroute frauduleuse.

Il est bon de remarquer que, dans le cas de poursuite pour banqueroute simple, le concordat sera toujours possible, même s'il intervient une condamnation, tandis que s'il y a poursuite pour banqueroute frauduleuse, il faut nécessairement acquittement pour qu'il puisse avoir lieu.

§ 2.

Du mode de formation.

D'après la définition que nous avons donnée du concordat, nous sommes naturellement conduits à nous demander quels sont ces créanciers entre lesquels aura lieu le traité ? Ce sont nécessairement ceux qui ont intérêt au concordat; car ceux qui ont des garanties réelles, qui ont la chose même pour débitrice, en prenant part aux délibérations qui auront pour but d'assurer ou de refuser le concordat, étant sûrs de ne rien perdre, ne manqueraient pas d'opter toujours pour un arrangement qui ne peut leur être nuisible, sans s'assurer si le concordat est nécessaire ou non. Aussi les créanciers chirographaires, ceux dont l'hypothèque est périmée, ou ceux enfin dont l'hyothèque est tellement reculée qu'ils ne peuvent plus espérer rien obtenir, sont seuls admis à voter le concordat.

Autrefois un vice de rédaction dans le Code de 1807 souleva grand nombre de difficultés: la loi ne parlait que des créanciers inscrits et des créanciers nantis de gage. On aurait pu croire que les créanciers hypothécaires dispensés de prendre inscription, que les créanciers privilégiés eux-mêmes n'étaient point désignés dans cette énumération, et que par conséquent ils pouvaient voter au concordat. L'art. 508 de la loi nouvelle trancha la difficulté en ajoutant : *les créanciers dispenses d'inscription et les créanciers privilégies ou nantis d'un gage.* Les doutes qui s'élevaient autrefois au sujet de la position que devaient prendre les créanciers hypothécaires qui étaient en même temps chirographaires, furent également levés par l'addition de ces mots : *pour lesdites creances,* que la seconde commission de la chambre des pairs fit à l'article proposé. Les créanciers hypothécaires pourront néanmoins assister aux délibérations; mais qu'arriverait-il s'ils prenaient part au vote? C'est que par là ils renonceraient tacitement à leur hypothèque. Cette renonciation peut leur être utile, si, par exemple, ils étaient primés par des créances trop fortes pour qu'ils puissent espérer retirer quelque fruit de leur hypothèque. Ainsi, voter le concordat, c'est se reconnaître créancier chirographaire.

Nous savons maintenant quels sont les créanciers qui peuvent voter au concordat; comment procéderont-ils? Par voie de majorité, et, comme nous l'avons dit plus haut, l'intérêt privé cédera à l'intérêt du plus grand nombre. On n'a pas pu songer à demander l'unanimité dans l'accord des créanciers; c'eût été abandonner aux mauvais vouloirs d'un créancier exigeant le sort de tous les autres, pour lesquels l'espoir d'un concordat était la dernière planche de salut. Mais pour contrebalancer ce qu'a d'exorbitant une pareille dérogation aux principes généraux des contrats, on a dû entourer de toutes les garanties possibles la conclusion d'un traité aussi important. Il faudra donc plus qu'une majorité ordinaire; il faudra, sous peine de nullité qui existera de plein droit, une majorité absolue, une majorité double, en nombre et en somme, et dont les conditions sont posées par la loi, de manière à être la sauvegarde des intérêts de tous.

L'ordonnance de 1673 n'exigeait que la majorité en somme ; mais on ne peut qu'applaudir à l'innovation apportée par le Code de 1807 et respectée par la loi nouvelle. Il était injuste, en effet, de sacrifier les intérêts des créanciers de sommes minimes pour remettre le sort de la délibération entre les mains de quelques créanciers de sommes importantes.

La majorité numérique s'établit sur le nombre de créanciers présents à la délibération, et non sur celui des créanciers vérifiés et affirmés. C'était là ce que portait l'art. 522 du Code de 1807, et nous pensons qu'il en est encore de même sous l'empire de la loi nouvelle, quoique dans la rédaction de l'art. 509, qui remplaça l'art. 522 du Code de 1807, on ait retranché les mots créanciers *presents*. On ne trouve, en effet, dans l'exposé des motifs de la loi de 1838, aucune intention de changer sur ce point ce qui existait ; bien plus, en raisonnant par voie d'interprétation, la loi nouvelle est plus favorable au concordat que ne l'était l'ancienne ; il faut donc en conclure que pour former la majorité en nombre, on doit maintenant, comme auparavant, ne compter que les créanciers présents à la délibération : ces créanciers seront comptés par tête ; c'est décider par là que le propriétaire de plusieurs créances ne devra avoir qu'une voix dans la délibération.

Mais en cas de cession de créances à un tiers, en sera-t-il de même, ou bien ce tiers aura-t-il un nombre de voix égal au nombre de cessions qui lui ont été faites ? Comme pour former la majorité en nombre, on ne considère que les personnes ; comme le droit de voter dans une assemblée est un droit individuel qui ne saurait être exercé qu'une seule fois par la même personne, quel que soit le nombre de ses titres, on doit en conclure que le cessionnaire de plusieurs créances n'aura comme tel qu'une seule voix. C'est du reste ce qui a été jugé par un arrêt de cassation du 24 mars 1840.

Cette majorité doit être absolue, c'est-à-dire de la moitié, plus un, des créanciers présents à la délibération.

Quant à la majorité en somme, elle se compose au contraire des trois quarts de la totalité des créances vérifiées et affirmées : les créances admises provisoirement doivent également y être comptées ; c'est là une addition qui a été faite au Code de 1807.

Comme on le voit, un créancier peut à lui seul former cette majorité.

Si une seule majorité, soit la majorité en nombre, soit la majorité en somme, a admis le concordat, il ne sera pas définitivement rejeté. La loi, dans sa bienveillance, dans son désir de voir arriver à un concordat, permet alors une nouvelle épreuve. La délibération sera remise à huitaine pour tout délai ; si donc à cette seconde assemblée le concordat ne réunit pas les deux majorités, il sera irrévocablement rejeté. C'est là ce que porte l'art. 509 de la loi de 1838.

L'art. 522 du Code de 1807 ne statuait que sur le cas où la majorité en nombre avait seule consenti le concordat ; mais la disposition de notre nouvel article est plus complète et à la fois plus rationnelle. Pourquoi, en effet, établir une différence entre le cas où la majorité en nombre aurait seule consenti le concordat, et celui où ce consentement n'aurait été donné que par la majorité en somme ?

Autrefois on se demandait ce que devenaient les votes après ce délai de huitaine ? Étaient-ils irrévocablement acquis ? ou bien, au contraire, pouvaient-ils être rétractés ? Le défaut de rétractation équivalait-il à une persistance de consentement ? Il était fort naturel de les regarder comme révoqués, car on vote en considération de la réciprocité que l'on attend des autres, et une partie ne peut être définitivement liée, tant que l'autre ne l'est pas. Mais toutes ces difficultés out été tranchées par la loi nouvelle, qui considère la première délibération comme non avenue, les résolutions qui y ont été prises et les adhésions qui y ont été données comme étant sans effet.

Le concordat, dit l'art. 509, sera voté et signé séance tenante, et cela sous peine de nullité ; le but de cette prescription a été d'éviter la fraude, d'empêcher, comme le disait M. Renaud de Saint-Jean-d'Angely, au conseil d'État, « que l'on ne puisse colporter des concordats sur lesquels on obtient des signatures par faiblesse, par séduction, par

7.

corruption. » Il est facile de comprendre que par ces mots *séance te-nante* on n'a pas voulu que l'on ne pût pas consacrer plusieurs séances à l'examen et à la discussion qui précèdent le concordat; l'article a voulu dire simplement que les signatures doivent être apposées dans la séance même où la proposition du concordat a été définitivement arrêtée; le législateur n'a pas pu exiger que tout fût dit, vu et entendu dans une séance unique.

La loi garde le silence au sujet de la rédaction du concordat; certains auteurs et notamment MM. Favard de Langlade[1] et Rogron[2], prétendent qu'il doit être reçu par un notaire à cause du caractère d'authenticité dont il doit être revêtu. Mais c'est là une erreur; la loi n'en parle point, et de plus ce serait une formalité inutile, puisque le traité est authentique par cela même qu'il est reçu par le juge-commissaire, assisté du greffier et du juge de paix, et qu'ensuite il est homologué par le tribunal de commerce.

§ 3.

Des oppositions que l'on peut former au concordat.

La voie de l'opposition est la seule admissible pour demander la nullité d'un concordat. Quelque fortes que puissent être les raisons que l'on ait à faire valoir, on est non recevable à les présenter sous une autre forme, si on ne s'est pas pourvu par ce moyen. Le droit de former opposition au concordat, de venir éclairer la religion des juges chargés d'examiner le traité et d'en ordonner ou d'en refuser l'homologation, appartient à tout créancier qui a pu concourir au concordat, ou dont les droits ont été reconnus depuis; les créanciers admis par provision en jouissent également, pourvu que par le jugement définitif leur créance ne soit pas rejetée en totalité; car, où il n'y a pas de créanciers, il ne peut y avoir de droit. Quant à ceux dont les créances

---

[1] V° Concordat, § 8, note 2.
[2] *Code de commerce expliqué*, note sur l'art. 509.

n'auraient point été vérifiées et affirmées, ils ne seraient point rece
vables à former opposition, quand même ils formuleraient en même
temps une demande pour être reconnus créanciers. La constatation de
leur droit doit précéder l'opposition. Les créanciers hypothécaires et
privilégiés qui n'ont pas renoncé à leur garantie, ne peuvent pas non
plus, comme tels, former opposition au concordat, puisqu'ils n'ont pas
pu y concourir. Cependant, comme depuis que le traité a été conclu,
il peut arriver qu'ils y aient un intérêt, ils ont toujours le droit de faire
leur renonciation, qui aura pour effet de les assimiler aux créanciers
chirographaires dont les droits auront été reconnus postérieurement à
la conclusion du concordat.

L'opposition sera motivée : celui qui s'oppose doit être en état de dire
pourquoi il s'oppose, et ceux au contraire qui soutiennent le concordat, doivent connaître les motifs pour lesquels on l'attaque. L'opposition sera signifiée, à peine de nullité, et par exploit d'huissier, aux syndics et au failli : le concordat, en effet, est un contrat synallagmatique
entre les syndics qui représentent la masse des créanciers et le failli.

Cette signification se fera dans les huit jours qui suivront le concordat ; le délai est de rigueur, il n'est point augmenté à raison des dis-
tances. Chaque créancier a été averti suffisamment, il a pu se tenir
prêt, et cet état de suspens ne peut se prolonger sans être nuisible
aux intérêts de tous. La signification contiendra assignation à la première audience du tribunal de commerce : l'opposition engage une
instance.

L'ancien Code ne disait point comment on devait procéder quand il
n'avait été nommé qu'un syndic à la faillite, et que seul, en qualité de
créancier, ce syndic se rendait opposant. Un arrêt de la Cour de Rouen[1],
appelée à statuer sur cette question, avait adopté un système qui prit
place depuis dans l'art. 512, en vertu d'un amendement proposé à la
seconde discussion de la chambre des députés par MM. Delespaul et

[1] 10 avril 1824. — Dalloz, v° Faillites, p. 150.

Golbéry[1]. Le syndic opposant devra provoquer la nomination d'un nouveau syndic, vis-à-vis duquel il sera tenu de remplir les formalités de la signification et de l'assignation. Cette nomination qui, quoique la loi ne le dise pas, n'est que temporaire, sera faite par le tribunal de commerce, conformément aux art. 462 et 464 du Code de commerce. Les fonctions de ce syndic provisoire sont analogues à celles du subrogé tuteur, seulement elles sont temporaires au lieu d'être permanentes, comme celles de ce dernier.

Une nouvelle disposition très-importante a encore été introduite dans l'al. 4 de l'art. 512 de la loi de 1838, relativement au cas où les moyens d'opposition seraient de la compétence des tribunaux civils. Sous l'empire de l'ancien Code, c'était aux tribunaux civils qu'il appartenait d'en juger la validité, et le tribunal de commerce ne pouvait statuer ni sur la question préjudicielle ni sur l'opposition. La nouvelle loi établit ici une division; l'opposition sera jugée par le tribunal de commerce, après que les tribunaux civils auront statué sur la question civile; mais il faudra pour cela que l'incompétence du tribunal de commerce soit absolue, d'ordre public, à raison de la matière. Il était, en effet, peu rationnel d'enlever au tribunal de commerce le droit de statuer dans ce cas sur l'opposition; il est plus compétent que tout autre pour juger de leur mérite, il connaît déjà les affaires de la faillite aux opérations de laquelle il a procédé depuis son ouverture. Mais on n'a pas voulu non plus qu'il pût empiéter sur des affaires qui ne seraient point de sa compétence; aussi lui a-t-on ordonné de surseoir jusqu'à la décision des tribunaux civils.

Mais pour empêcher que par sa mauvaise volonté le créancier ne fasse, à la faveur de ce sursis, traîner en longueur la décision sur l'homologation, la loi accorde au tribunal de commerce le droit de fixer un bref délai, dans lequel le créancier opposant devra saisir les juges compétents et justifier de ses diligences. Il fera cette justification en

---

[1] Séances du 3 et 4 avril 1838.

exhibant l'assignation qui a saisi le tribunal : il ne dépend pas, en effet, de lui de faire juger ; mais, s'il restait dans l'inaction, si, par exemple, il s'exposait à une péremption, il faut dire qu'il devrait être passé outre, car cela rentre dans les diligences auxquelles il est tenu.

§ 4.

De l'homologation du concordat

Jusqu'ici le concordat n'est qu'un projet, il a été voté, il reste en suspens : pour acquérir toute sa force, il doit alors recevoir la sanction de la justice, qui seule peut, en y donnant son homologation, le rendre exécutoire. Les intérêts de tous les créanciers ont été placés par le législateur sous la protection du magistrat; qui devra examiner si le concordat n'est point le résultat du dol, de la fraude, de la séduction, ou si les créanciers, dans le désir de sauver du naufrage une partie de leur fortune, n'ont point consenti un traité contraire à leurs intérêts.

Homologuer, c'est approuver ou rejeter une décision, un acte dont on a examiné le fond. L'homologation est un acte de juridiction gracieuse, le juge doit agir *in cognitione causæ*, c'est-à-dire avec appréciation de circonstances, de convenances et d'utilité.

Le droit de demander l'homologation appartient au failli, à tout créancier, aux syndics, qui veulent faire exécuter le concordat, et qui doivent la poursuivre devant le tribunal du lieu où s'est ouverte la faillite. Le tribunal ne pourra statuer avant l'expiration des huit jours accordés pour former opposition, ce qui n'empêche pas de formuler la demande en homologation pendant ces huit jours. Ce qui importe, c'est que le jugement d'homologation ne puisse pas être rendu avant que le délai pour s'opposer soit expiré : il faut que le tribunal connaisse les oppositions avant de savoir s'il peut passer outre à l'homologation. Si pendant les huit jours il y avait des oppositions formées, alors l'opposition et l'homologation se lieraient, et le tribunal statuerait sur le tout par un seul jugement. Si l'opposition est rejetée, le tribunal pourra donner son homologation, mais aussi il pourra la refuser pour d'autres

motifs: car bien que les créanciers aient eu la volonté de consentir un
raité qui, comme nous le disions plus haut, peut dans certains cas
être contraire à leurs intérêts, il y a au-dessus de cette volonté un
autre intérêt plus puissant encore: c'est celui de la loi, de la morale
publique, de la justice.

Mais, au contraire, cette latitude de refuser ou d'accorder son homologation n'est plus laissée au tribunal dans le cas où l'opposition serait
admise. L'homologation alors devient impossible; le concordat doit être
déclaré nul pour tous, pour le failli comme pour les créanciers, pour
la majorité comme pour la minorité; il est indivisible, et on ne saurait l'admettre pour les uns et le rejeter pour les autres; car les créanciers
qui l'ont signé et consenti, ne l'ont fait que dans la pensée et sous la
condition tacite qu'il sera la loi de tous. Dès lors qu'un créancier par-
vient à faire rétracter à son égard l'homologation du traité, la réciprocité d'engagements, sur laquelle il reposait, est détruite; l'acte ne peut
plus être obligatoire; tous doivent rentrer dans leur état et dans leurs
droits antérieurs.

Dans tous les cas, le juge-commissaire devra faire un rapport sur les
caractères de la faillite et sur l'admissibilité du concordat, avant qu'il
puisse être statué sur l'homologation : c'est en effet d'après les caractères
de la faillite que le tribunal sera à même de juger avec connaissance
de cause.

De notables changements ont été apportés à l'ancien Code par l'art.
515 de la loi nouvelle, relativement au pouvoir discrétionnaire donné
au tribunal pour rejeter le concordat. D'après l'art. 526, qui correspond
à l'art. 515 actuel, le tribunal ne pouvait refuser l'homologation que
pour cause d'inconduite ou de fraude, et alors le failli était renvoyé
devant le magistrat de sûreté comme soupçonné de banqueroute. Au-
jourd'hui le législateur accorde au tribunal un pouvoir discrétionnaire
beaucoup plus étendu : il pourra motiver son refus d'homologation sur
l'intérêt public et même sur l'intétét privé des créanciers, sans que par
ce refus le failli puisse être soupçonné de banqueroute.

Ce système est à la fois plus prévoyant et plus efficace que ne l'était celui du Code de 1807; car il place à l'époque de l'homologation une surveillance intelligente et complète sur la formation régulière du concordat, et les tribunaux de commerce ne reculeront plus désormais devant un refus d'homologation, dont les conséquences étaient de faire tomber sous la rigueur de la justice pénale, un failli comme soupçonné de délit ou de crime.

FIN.

BIBLIOTHEQUE ROYALE

www.ingramcontent.com/pod-product-compliance
Ingram Content Group UK Ltd.
Pitfield, Milton Keynes, MK11 3LW, UK
UKHW022317120726
13694UKWH00004B/1452